商务日语会话

主编 于苗 魏玉娟 丛惠媛

大连理工大学出版社
DALIAN UNIVERSITY OF TECHNOLOGY PRESS

图书在版编目（CIP）数据

商务日语会话 / 于苗，魏玉娟，丛惠媛主编．-- 大连：大连理工大学出版社，2023.3
ISBN 978-7-5685-4036-0

Ⅰ．①商… Ⅱ．①于… ②魏… ③丛… Ⅲ．①商务－日语－口语 Ⅳ．①F7

中国版本图书馆CIP数据核字（2022）第240078号

大连理工大学出版社出版

地址：大连市软件园路80号　　邮政编码：116023

发行：0411-84708842　邮购：0411-84708943　传真：0411-84701466

E-mail：dutp@dutp.cn　　URL：https://www.dutp.cn

大连市东晟印刷有限公司印刷　　大连理工大学出版社发行

幅面尺寸：185mm × 260mm　　印张：10.25　　字数：237千字

2023年3月第1版　　2023年3月第1次印刷

责任编辑：楼　霈　　责任校对：张　璠

封面设计：张　莹

ISBN 978-7-5685-4036-0　　定价：43.00元

前言

随着经济全球化的不断推进，中国和日本两国之间的经济、商贸等交流活动日益频繁，两国已经成为彼此的主要贸易国。2022 年 1 月 1 日，《区域全面经济伙伴关系协定》（RCEP）正式生效，中国和日本之间达成自贸安排，中日两国间经济贸易合作力度进一步加大。

近年来，针对日资企业对人才的实际需求的调查结果表明，高等职业专科和高等教育本科层次的日语人才较受欢迎，而毕业生的听说能力、翻译能力、阅读与书写能力都是企业看重的基本能力，并且单纯具备上述能力之外，日资企业对懂得行业专业术语、商务礼仪、企业文化的高级技术型人才的需求呈上升趋势。

简言之，合格的高级商务日语人才不仅要掌握语言知识，具备基础的业务沟通能力，还必须具备高水平的商务交际能力、公文书写能力、电话应答能力、电子邮件写作能力等。因此，在日语教学中，商务场景下的会话训练就显得尤为重要。

《商务日语会话》教材以具备日本语能力测试（JLPT）N3 级以上日语基础能力的日语学习者为对象，以提高商务场合实用日语能力为目的，结合现代商务活动的多样性和灵活性变化，为商务日语专业学生和职场新人安排成系列的日语会话场景，强化社会人应具备的工作常识及日常业务中的典型会话、相应商务场合的关联表达等。通过编者精心设计的教学内容，深化学生对商务日语理论知识的认识，培养其独立健全的思想意识、追求卓越的价值理念，以及恰当得体的行为举止，构建从认识论、实践论到方法论的育人体系，指导学习者系统地掌握商务日语知识，提高跨文化理解能力和商务实践能力。

教材内容

《商务日语会话》共 12 课，由公司内部业务流程和外部业务流程 2 个单元构成。具体内容包括：面试，入职后的自我介绍，商务寒暄，与上司及同事的日常沟通，邀请，公司业务会上发言，各种场合下的电话应答，工作之余与公司内部人员及公司客户的商务交际，对公司来宾的商务接待等。

教材特色

1. 以商务日语专业的职业能力为依据，突出职业能力的知识技能需求，有利于学生的就业和岗位技能需求及可持续发展。教材与职业基础内容合理衔接，促进学生从书本知识向职业能力的转变。

2. 在满足本学科知识的连贯性与专业课需要的前提下，精简理论，以必需、够用为度。同时简要概述学生向专业高层次发展所需的内容，为学生根据理想岗位的工作实际补充专业知识和进一步学习提供了便利，增强了可持续发展的能力。

3. 教材适用面广、适用性强，既适合高等职业院校日语专业学生，也适合本科日语专业学生。编者充分考虑各层次日语学习者的学习需要，基础知识面广，全书日文汉字标注假名，文字叙述简明扼要，通俗易懂。每课安排的每场会话都是实际业务活动中的真实情境，既便于教师课堂上有的放矢地指导、监督学生操练，也方便学生课后自主练习，达到熟能生巧的目的。

4. 教材内容按商务场合业务流程，涵盖了商务活动的全过程。侧重业务流程的连贯性，为商务日语学习者及商务工作人员准备了充足的商务场合的实用业务内容，真正做到“学以致用”。

5. 教材为学生提供丰富有效的日本商务基础知识，让学生在充分了解、领会各个业务环节的背景知识基础上，从容应对，确保新人不会因缺乏“基本常识”而使客户反感或不悦，甚至影响公司业务。

本教材是编者根据多年的商务工作实践经验、教学体会及用人单位的实际要求，精心组织内容编写而成，是一部实践性极强的商务实务教材。尽管编者倾心而作，但书中难免有不尽如人意之处，敬请各院校和读者在使用本教材的过程中给予指正，并将意见及时反馈给我们。

编　者

2023 年 2 月

所有意见和建议请发往：dutpwy@163.com

欢迎访问外语教育服务平台：https://www.dutp.cn/fle/

联系电话：0411-84707604　84706231

目次

第一ユニット　社内で

第二ユニット　社外で

第一ユニット
社内で

第一課 採用面接

登場人物

中国の遼寧大学の卒業生金美玲さんが募集情報を見てから、日本桜商事へ電話して、担当者の北村さんと面接時間を取りました。また、日本桜商事の人事部の田所主任よりの面接から採用までのプロセスももらったことです。

基本常識

面接とは、学生との会話を通して、書類や筆記試験などでは測定できない企業が求める力や熱意、価値観を測定する選考方法である。面接本来の目的とは、面接を通して受験者の個性や能力を知り、会社に合うか合わないか、会社にとってプラスかマイナスかを総合的に判断して採用を決めるものなのである。よって、採用に至らなかったとしても、あなたの人生にとってそれほど重要なものでもなく、社会勉強の一つとでも思ったら幸いだ。

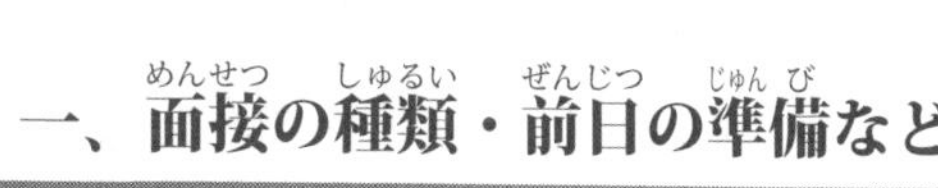

一、面接の種類・前日の準備など

(一) 面接の種類

面接は大まかに２つのタイプに分けられる。

１つはグループ面接。学生が複数（3名から5名程度）参加し、面接官（複数が多い）の質問に対して、面接官が指示する順番もしくは挙手制によって答える形式。後述する個人面接へ進む学生の絞り込みに用いられる。個人面接と違い、比較する学生が隣にいる以上、他の学生の発言も傾聴し発言がダブらないようにしつつ、グループの中で自らが一番になる意識で臨むことが肝要となる。なお、グループである以上、与えられる時間は少なく、回答を短時間にまとめる瞬発力が必要となる。

グループ面接で重要なポイントは、第一印象がすべてであることだ。入室の所作はもちろん、椅子に座る時の所作、最初の挨拶、さらに他の学生が発言している時の態度もチェックされ、その印象がそのまま評価に反映する。特に第一印象が大切になるので、第一声に気合を入れていこう。そして退出するまで終始笑顔で、大きな声で、元気よく気を抜かずに行こう。

もう１つは個人面接。１人の学生が、１人もしくは複数の面接官と会話する形式。グループ面接と違い、じっくり会話をすることで企業が求める力のレベルと、熱意、仕事への価値観などが測定される。特に企業が求める力を測定する面接をコンピテンシー（企業が求める力）面接と呼び、最近多用されている。コンピテンシー面接の手順は、最初に「学生時代最も力を入れたこと」など質問し、その過去の具体的行動を根掘り葉掘り聴くことで、その学生のコンピテンシーを抽出し、入社後

の行動を予測している。個人面接で重要なポイントは、あくまでも面接官との会話が成立しなければならない点だ。笑顔はもちろん、うなずいたり質問を復唱したりするなど、初対面であっても気さくに会話ができることを示さなくてはならない。なお、一般的に後半の面接は個人面接になることが多い。

（二）面接の準備

前述した通り、面接の目的は企業が求める力を測定することである。つまり、面接における質問にはすべて面接官の意図（企業が求める力はあるか？）があり、その意図（どの力を確認しているか？）を察しつつ、スピーディに簡潔に答えていかなくてはならない。よって、面接に臨む前には、企業研究を再度じっくり行い（志望動機対策）、同時に求める力を把握し求める力を示す過去のエピソードを整理しておくことが大切だ（自己 PR 対策）。

また、瞬発力が必要になる以上、体調管理もしっかり行うこと。前日には早く寝て、面接会場周辺の地図をプリントアウトして、30 分前には現地に着き近くのカフェで心を落ち着かせるようにしよう。

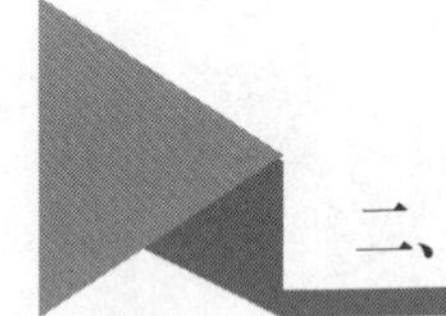

二、面接マナー

（一）到着時間

面接当日は最低でも 10 分前までには来社し、手続きを済ませておく。そして、面接から帰ったら、お礼の手紙や E メールを送る。

（二）入室から着席までの挨拶

面接では、まずノックすることから始まる。「コンコン」とノックした後の一般的なマナーは下記の通り：

1.「どうぞ」と言う声が面接官からかかったら、ゆっくりドアを開ける。

2. 中に入り、またゆっくりと静かにドアを閉めて、面接官に向かって一礼。

3. 椅子のある位置まで進む。

4. 椅子のある位置でそのまま立って、自分の氏名を名乗り、「よろしくお願いします」と元気良く言う。（学生の場合、〇〇大学〇〇学部と、最初に学校名を言う）

5. 面接官に「どうぞお掛けください」と言われたら、「失礼します」と言って着席する。

（三）退席時の挨拶

「それでは近いうちに結果を報告します。ご苦労様でした…」など、面接が終了したら次のように行動するのが一般的なマナーである。

1. 「ありがとうございました」と、座ったまま会釈する。

2. 立ち上がって、もう一度面接官全員に「本日はどうもありがとうございました。どうぞよろしくお願いします」と言って深々と頭を下げ、ドアの所まで戻る。

3. ドアまで戻ったら、そこで立ち止まり、もう一度面接官の方を見て、軽く一礼する。

4. ドアを開けて退室する。

三、面接時のタブー

面接時にタブーとされていることや、面接時に絶対やってはいけないことには特に注意しよう。

（一）しゃべり過ぎ

「自己のことをもっともっと知ってもらうために…」とはりきってしまう気持ち

も分かるが、面接官は質問に対して的確に答えられるかどうかも見ている。よって、しゃべり過ぎはかえって「要領が悪い、話のポイントをきちんと押さえられない」などのマイナスなイメージを与えてしまうことがよくあるので注意しよう。もちろん、無口過ぎるのもよくない。

（二）他社の悪口を言う

ついつい入りたい一心で他社の悪口言ってしまいがちだが、これも面接官にとっては大変聞き苦しいことである。それよりも、「他社と比較してこの会社はこういう良い点がある」などといった、プラス志向な面を具体的に話しよう。

（三） 他人の発言に影響される

グループ面接などでよくありがちでだが、「私もそう思います」といったような発言をしてしまうと、主体性がないと判断されてマイナスな印象を持たれてしまう場合がある。「あ、先に言われた！話すことなくなっちゃったー！」と思ったとして、もしその意見を引用するなら、その意見に必ず自分の意見をプラスして答えるようにしよう。

（四）言い訳がましい

「成績が思わしくないですね？」や「前回の仕事はすぐに辞めてしまったんですね？」といった意地悪な質問に対して、「優秀な教授がいなく、授業に出ても学ぶことがなかったからです」とか、「職場に気の合う人がいなかったからです」などと、自分の勉強不足や協調性のないことを棚に上げて、言い訳や自己中心的な発言をするのはいけない。自分にとって不利な質問でも、潔く答えることも時には大切だ。

オペレーター：お電話ありがとうございます。日本桜商事でございます。

金美玲：もしもし、お忙しい所すみません。募集情報を拝見してお電話させていただいた金美玲と申しますが、担当の北村さんはいらっしゃいますでしょうか？

オペレーター：はい、少々お待ち下さい。

金美玲：はい、すみません。

北　村：お電話かわりました。担当の北村です。

金美玲：もしもし、面接の予約したいんですけど。

北　村：はい、では、お名前とお電話番号を教えいただいてもよろしいでしょうか？

金美玲：はい、私は金美玲と申します。電話番号は 12345678989 です。

北　村：はい、分かりました。では、明日の面接でよろしいでしょうか。

金美玲：はい、大丈夫です。

北　村：では、明日の 9 時においでください。

金美玲：はい、承知いたしました。では明日の 9 時にお伺いさせていただきます。

北　村：はい、よろしく。

金美玲：はい、それではよろしくお願いいたします。ありがとうございました。失礼いたします。

金美玲：（ドアをノックして）失礼します。

田　所：はい、どうぞ。

金美玲：お早うございます。

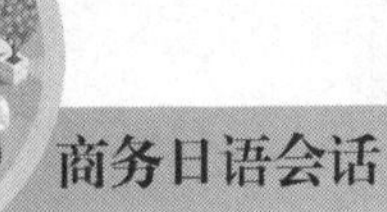

田　所　：お早うございます。どうぞ、お座りください。

金美玲　：はい。失礼いたします。

田　所　：まず、簡単な自己PRをお願いします。

金美玲　：はい。私の趣味は日本のドラマや映画を見ることとスポーツです。特にバレーボールが好きで、週末は仲間と一緒に楽しみます。スポーツで汗をかくと、ストレスも溜まりません。身も心もすっきりすると、また仕事を頑張ろうという気持ちが湧いてきます。性格は明るくて社交的なので、営業に向いていると思います。営業はとてもやりがいのある仕事だと感じます。できれば、貴社の営業部で貢献したいと考えています。

田　所　：金さん、日本語がお上手ですね。

金美玲　：いいえ、まだまだです。

田　所　：日本語能力試験N1級にパスしましたか。

金美玲　：はい、去年学校で一番の成績でパスしました。

田　所　：それはたいしたもんですね、難しいと思いましたか。

金美玲　：文字、語彙の部分はやさしかったですが、聴解は思ったより難しかったです。

田　所　：日本語で文書を書けますか。

金美玲　：はい、できます。

田　所　：（履歴書を見ながら）金さんの主専攻は日本語で、副専攻は国際貿易でしたね。

金美玲　：はい、そうです。

田　所　：どうして日本語と国際貿易を専攻されたのですか。

金美玲　：理数系が不得意ということもありましたが、日本語が選んだのは、日本の言語と文化にとても興味があったからです。また、国際貿易を勉強しておけば、将来の就職にきっと役に立つのではないかと思いまして、履修いたしました。

田　所　：そうですか。日本に交換留学生として一年間行っていらっしゃいましたね。どのような収穫がありましたか。

金美玲　：そうですね。たくさんありました。まず、日本人の友人がたくさんできました。また、日本の文化や社会に対する認識も深めることができました。

田　所　：語学に関してですが、金さんは北京語と日本語のほかにできる言語は何ですか。

金美玲　：英語です。中学校から大学まで、ずっと英語を勉強しておりましたので、英語の会話能力や作文能力にも自信を持っております。また、英語の方ですが、6級を取りました。

田　所　：どの程度の会話ができますか。

金美玲　：昨年の夏休みに、上海にある多国籍企業で研修を受けましたので、職場での会話や会議でしたら、ほとんど問題はないと思いますが。

田　所　：それはけっこうですね。その企業研修では、どんな勉強をされましたか。

金美玲　：最初の二週間は国営企業や銀行の見学をして、経営の仕組みを勉強いたしました。それから、上海にあるアメリカの貿易会社の企業部で、中国の投資環境に関する調査をしておりました。とても充実した研修プログラムでしたので、たいへん勉強になりました。

田　所　：企業研修のほかに、どんな課外活動をしていらっしゃいましたか。

金美玲　：スポーツでは、バレーボールクラブに所属して、週に三回の練習、それに合宿もありました。そのほかに、日本研究学科の学生自治会の仕事にも携わっておりました。

田　所　：課外活動を通じて、何がいちばん勉強になったと思われますか。

金美玲　：スポーツクラブに参加することによって、体力的にも精神的にも鍛えられましたし、また、一つの目標に向かって、みんなと力を合わせるチームワークの重要性も知ることができました。

田　所　：そうですか。ところで、どうして当社を志望されたのですか。

金美玲　：大学で日本語と国際貿易を勉強してまいりましたので、これまでの自分

の勉強を実際の仕事に活かすことができればと考えております。その点で貴社の営業部の仕事はやりがいがあると思いました。

田　所　：金さんのセールスポイントは何でしょうか。

金美玲　：そうですね。健康には自信があります。それから意志が強く、困難な状況でもあきらめずに頑張る点ではないかと思います。

田　所　：最後ですが、金さんの生活信条についてお聞かせ下さい。

金美玲　：生活信条を考える場合、私は学生までの生活と社会人になってからの生活とに分けて考えたいと思います。

まず、学生時代の生活信条としましては、社会人へ向けての滑走路という位置付けで、辛いことにも敢えて積極的に挑戦し、自分に磨きをかけながら、行動力などを身につけていくということです。

次に、社会人になってからの生活信条としましては、もちろん学生時代同様、日々の自己成長に努め続ける必要があるとは思いますが、自分の強みが人を満足させられるような形で最大限発揮できるよう、プライドを持ちながら自己実現を果たしていくことです。

田　所　：そうですか。では、何か当社についてご質問はありませんか。

金美玲　：はい。一つお伺いしたいのですが、社員の勤務能力を高めるような研修や勉強の機会はございますか。

田　所　：ええ、社内研修などいろいろ研修のコースがあります。必要があれば、日本へ研修にいっていただくこともありますよ。

金美玲　：はい、分かりました。どうもありがとうございました。

田　所　：では、結果のほうは、こちらから2、3日中にご連絡します。（席を立って、一礼する）

金美玲　：はい、ありがとうございました。どうぞ、よろしくお願いいたします。

（ドアの前で）では、失礼いたします。

（出てからドアを静かに閉める）

（二日後、金さんの携帯電話が鳴った）

金美玲　：もしもし、金美玲です。

田　所　：もしもし、お世話になっております。私は日本桜商事の人事部の田所です。金美玲さんですか。

金美玲　：はい、田所さん、こんにちは。

田　所　：こんにちは。先日の面接の件ですが、金さんは営業部のほうに採用になりました。

金美玲　：本当ですか。ありがとうございます。

田　所　：仕事なんですが、明日からでよろしいでしょうか。

金美玲　：はい、結構です。

田　所　：では、明日の午前８時に来ていただけませんか。

金美玲　：はい、かしこまりました。

田　所　：では、よろしくお願いします。

金美玲　：よろしくお願いします。

田　所　：では、また明日。

金美玲　：また明日、では失礼いたします。

単　語

オペレーター / 话务员，接线员

募集情報（ぼしゅうじょうほう）/ 招工信息

担当（たんとう）/ 担当，负责人

面接（めんせつ）/ 面试

予約（よやく）/ 预约

承知（しょうち）/ 知道

PR/ 自我介绍，自我宣传

ドラマ / 戏剧，连续剧

仲間（なかま）/ 朋友，伙伴，同事

社交的（しゃこうてき）/ 喜欢交际的，善于社交的

貴社（きしゃ）/ 贵公司

営業部（えいぎょうぶ）/ 营业部

貢献（こうけん）/ 贡献

パス / 合格，及格，录取

履歴書（りれきしょ）/ 履历书

主専攻（しゅせんこう）/ 专门研究，主修

副専攻（ふくせんこう）/ 辅修专业

国際貿易（こくさいぼうえき）/ 国际贸易

不得意（ふとくい）/ 不擅长，不精通

就職（しゅうしょく）/ 就职，就业

履修（りしゅう）/ 学完，完成学业

多国籍企業（たこくせききぎょう）/ 跨国公司，国际公司

職場（しょくば）/ 工作单位，工作岗位

企業研修（きぎょうけんしゅう）/ 企业进修，企业培训

国営企業（こくえいきぎょう）/ 国营企业

経営（けいえい）/ 经营

仕組み（しくみ）/ 计划，安排

貿易会社（ぼうえきがいしゃ）/ 贸易公司

企業部（きぎょうぶ）/ 企业部

投資環境（とうしかんきょう）/ 投资环境

プログラム / 日程安排；程序

所属（しょぞく）/ 所属，附属

合宿（がっしゅく）/ 集训，共同寄宿

チームワーク /（队员之间的）合作，配合，协作，团队合作

セールスポイント / 特点，特长

プライド / 自尊心，自豪感

コース / 方针，过程，课程

一礼（いちれい）/ 稍施一礼，行个礼

採用（さいよう）/ 任用，录用，录取

関連表現

1. 1 分間で自己 PR してください。

2. 当社を志望した理由を述べてください。

3. 当社以外の会社を受験しましたか。

4. 他社と両方合格した場合、どうしますか。

5. 当社の第一印象はどうですか。

6. 入社後にやってみたい仕事があれば、言ってください。

7. 残業、休日出勤に対する考え方はどうですか。

8. 初任給はどのくらいを希望しますか。

9. 学生生活で、特に強く印象に残っていることは何ですか。

10. わが社について質問があったら、述べてください。

練習一　質問への対処法

1. 君の「過去」への質問対処法

この手の質問は必ずある。棒読みにならないように、そしてエントリーシートとは違う切り口で話そう。

君の「過去」への質問の例

(1) 学生時代にあなたが最も力を入れて取り組んだことと、そこから得られたことを挙げてください。

(2) 今までに最も頑張った経験の中で自ら行動し、周囲と協働した経験について具体的に教えてください。

(3) あなたを表す単語を挙げてください。

(4) ご自身の経験をふまえて、あなたが考える成功と失敗の違いを教えてください。

(5) 学生時代に最も力を注いだことは何ですか。そこで得たことを当社でどのように活かしたいですか。

このような質問は一言で言えば、自己PR。つまり、君の「企業が求める力」を測定する質問である。よって、すでに求人広告や会社説明会などで明示されている、求める力を身につけた過去の修羅場を乗り越えた具体的なエピソードを話すことで示せば良い。君の「過去」への質問は、すべて君の「その企業が求める力」を測定するための質問なのだ。

2. 君の「現在」への質問対処法

「内定出したら、ウチに本当に来るの？」「ちゃんと企業研究したの？」と聞いているのである。

君の「現在」への質問の例

（1）数多くある会社の中で、当社を志望する理由を教えてください。

（2）就職先として会社を選ぶ際に重視していることは何ですか。その理由も含めて説明してください。

（3）あなたが考える当社の仕事のイメージはどのようなものですか。また、当社の仕事に必要なものはどのようなものだと考えますか。

（4）当社への志望動機および志望理由を教えてください。

このような質問は一言で言えば、志望動機。つまり、特に君の熱意を測定する質問である。よって、企業研究の結果で示さなければならない。数ある企業の中で、貴社の強みのここに惹かれたから第一志望なのだと述べなくてはならない。決して「○○業界だから」「有名企業だから」「父がお世話になっているから」など、企業研究をほとんどしていないとばれてしまう志望動機では決して熱意は伝わらない。よって、深く会社案内やホームページを読み込み、会社説明会やOB・OG訪問、先輩訪問でのエピソードを加味して、作り上げなくてはならない。君の「現在」への質問は、すべて君の「熱意」を測定するための質問なのだ。

3. 君の「未来」への質問対処法

未来への質問は答えにくい。答えにくいからこそ、差がつく質問とも言える。

君の「未来」への質問の例

（1）入社後、あなたは当社のブランドの価値向上のために、どんなことに挑戦したいと考えていますか。

（2）あなたが当社を舞台に実現したいことは何ですか。その理由も教えてください。

（3）当社が業務の対象とする多様な課題の中で、取り組んでみたいテーマは何ですか。そのテーマとご自身の専攻や、専攻に限らず関心を持って取り組まれてきたこととの関連を踏まえて、具体的に教えてください。

（4）当社でやりたい仕事と、その理由を教えてください。

このような質問は一言で言えば、志望動機。特に君の「働く価値観」を測定する

質問である。よって、すでに求人広告や会社説明会などで明示されている、経営理念に共感できることを伝えなくてはならない。貴社の経営理念に共感したから、迷いなく貴社で働けると述べなくてはならない。決して「この仕事をしたいから」だけでなく、その仕事を通して、何を社会に伝えていきたいのかを伝えなくてはならない。君の「未来」への質問は、すべて君の「働く価値観」を測定するための質問なのだ。

4. その他の質問対処法

面接官は君にリラックスして欲しい質問の例：

(1) 昨日の晩御飯、何食べましたか。

(2) 最近読んだ本は？

(3) 緊張してますか。

(4) 就職活動の調子はどうですか。

(5) 朝のニュース、見ました？

このような質問は一言で言えば、アイスブレイキング。つまり、本当の君を知るために面接官が配慮してくれた会話のきっかけ作りである。面接の序盤は、とにかく場に馴染んだり場を作ったりすることから始めなくてはならない。面接官も最初は学生の緊張を解くために、話しやすい話題から始めてくれることが多い。面接官としてもずっと緊張されては困るからだ。できるだけ君の緊張を解いて、「素」の君を見極めたいからだ。面接の序盤の何気ない質問はすべて君の緊張を解く質問であり、その面接官の気持ちに応える会話を展開することが重要なのだ。「その他の質問」のうち、終盤に頻出する質問の例：

(1) 最後に、何か伝えたいことはありますか。

(2) 最後に、何か聞きたいことはありますか。

(3) 最後に、この面接の感想をお聞かせください。

(4) 最後に、言い逃れたことはありますか。

このような質問は一言で言えば、熱意と人柄。つまり、次の面接に呼びたいと思えるかの最終確認である。面接官にぜひ「またこの学生と会いたい」「上司に合わせてみよう」と思ってもらえる終わり方をしなければならない。どうすれば好印象を残せるのか。それは君が普段大切な人に対して行っていることをするだけなのだ。例えば初めて出会う異性と別れる時、信頼する先輩と別れる時、自分を慕ってくれた後輩と別れる時、いつも心配りをしているはずだ。その自然な心がこもった表情や声、所作こそが君が面接にて好印象を残す大切なアクションなのだ。特に最終面接（役員面接）は、すでにそれまでの面接で求める力の測定は終わっている。よって、見極められるのは熱意と人柄である。君が入社後輝く姿が想像できるかを最終確認していると考えればよい。言い換えれば、君自身がその企業で素の自分が輝いている姿を想像できるかにかかっているのだ。

5. 難問・奇問・圧迫面接の考え方と回答方法

（1）あなたは運が良いですか？悪いですか？

経営の神様「松下幸之助」が面接の際、よく用いたとされる伝説の質問。「はい、私は運が良いです」と元気良く答えること。

（2）内定を出したら、入社する確率は何パーセントですか？

90%～100%が無難。「残りは何でですか？」と聞かれたら、「御社には是非入りたいですが、また会社訪問をする予定です。その中で自分に合う会社が出てくるかも知れません。その確率は非常に少ないですが、その不確定要素を考えて95%と答えました」などと答えればよい。

転職者の場合は、「明日からでも出社します！」と意欲を見せることも大切。

（3）当社に不採用の場合どうしますか？

時々ある、なんとも底意地の悪い質問。熱意を強調し、潔さを印象づ

けよう。

「その場合大変残念ですが、あきらめます。私としては御社で働きたいというこの強い気持ちを、できる限りアピールすることだけです」などと答えるしかない。間違っても開き直ったり、ふてくされないように。

(4) 当社は残業が多いですよ。

この程度の質問でうろたえていては、いつまでたっても内定はもらえない。責任のあるポストについたら、サービス残業も当たり前。「社会人として仕事を優先するのは当然です。残業もやぶさかではありません」などと答えられないようでは、どんな会社でも働けないと覚悟したほうがいい。

(5) あなたの大切にしている言葉はなんですか？

これでも人柄は十分に伝わる質問なので注意しよう。小説や映画、恩師に言われて大切にしている言葉を答えよう。

(6) あなたの方から何かご質問はありますか？

面接の最後で質問される場合が多い。会社に興味がないと思われがちなので、必ず答えること。答えなければまず落ちると覚悟しよう。会社に対してズバリ、核心を突く質問が最高の好印象。

練習二　就職活動中の電話マナー

1. 電話をかける時間帯

9：00 ～ 10：00 の就業開始直後や、17：00 ～ 18：00 の就業終了間際の時間帯に電話をかけることは遠慮したほうがいい。なぜなら、多くの企業は朝の就業開始直後にミーティングや一日の業務計画を立てたり、就業終了間際に業務整理や翌日の準備などを行う重要な時間帯であるから。

適切な時間帯：

就業時間が 9：00 ～ 18：00 の企業の場合

午前：10：00 ～ 11：30（昼食の時間帯にかかることを考慮して）

午後：14：00 ～ 17：00

2. 電話をかける場所

自宅以外の場所から電話をかけるのであれば、車の行き来が比較的少なく、静かな所でかけるのが望ましい。周囲の雑音が入りやすい場所だと、相手の声が聞き取りづらい場合が多く、「すみません、もう一度お願いします」や「声が聞き取りづらいので…」のように、相手に何度も聞き返すことになりかねない。これらはビジネス的にも大変失礼だし、タブーとされているのである。

3. 電話をかける際のコツ

(1) 伝えたい用件をあらかじめメモしておき、復唱しておく。

(2) 伝えられた用件をすぐにメモするよう、筆記用具を手元に準備しておく。

(3) はっきりとした口調で話し、元気よく対応する。

4. 電話の話し方と対応の例

人事：はい、○○建設総務部採用担当の□□です。

学生：私、△△大学の××と申します。資料請求の件でお電話いたしました。今、お時間よろしいでしょうか？

(注意点：まず自分の名を名乗り、用件を伝える。代表電話を通したとしても、担当者が出たら再度名乗ること。そして、話す時間があるのかを必ず聞く。また、多くの企業は1～2コール以内には電話を取るので、心の準備もしておく。)

人事：はい、どうぞ。

学生：ありがとうございます。私は現在、建設業界を中心に就職活動をしておりまして、特に御社につきましては、以前施工されました○△□に深い感銘を受けており、興味を持っております。そこで、よろしければ御社の会社資料をいただけないかと思い、電話をいたしました。ご迷惑でなければ、受け取りに伺いますが、いかがでしょうか？

（注意点：まず、時間を取ってもらうことにお礼をし、簡潔に電話の目的を伝える。そして、相手に何かを依頼する場合は、できるだけ手間を取らせないような一言を加えると相手も受けやすい。）

人事：申し訳ありません。本年度の会社資料は○○日頃出来上がる予定です。用意が出来次第お電話を差し上げるという形でもよろしいですか。

学生：はい、もちろん結構です。ありがとうございます。

（注意点：依頼に対応してくれたことをお礼する。）

人事：それではもう一度、学校名、お名前、お電話番号、ご住所をお願いします。

学生：はい。△△大学の××と申します。電話番号は…、住所は…、郵便番号…、東京都…です。お手数おかけしますが、どうぞよろしくお願いいたします。本日は、お時間をいただき、誠にありがとうございました。

（注意点：住所を伝える場合は、必ず郵便番号も伝えること。最後に、時間を取って対応してくれたことに対するお礼を必ず述べる。）

第二課 自己紹介

登場人物

金美玲(きんびれい)さんが日本桜商事(にほんさくらしょうじ)に入社(にゅうしゃ)して、まず、新人研修(しんじんけんしゅう)の第一日(だいいちにち)は新人石原(しんじんいしはら)さんといっしょに研修(けんしゅう)を受(う)けて、それから、人事部(じんじぶ)から発令(はつれい)されて、二人(ふたり)の新人(しんじん)さんの配属先(はいぞくさき)が決(き)まりました。二日目(ふつかめ)はそれぞれの部門(ぶもん)での自己紹介(じこしょうかい)をしたのと社外(しゃがい)の来客(らいきゃく)にも自己紹介(じこしょうかい)した場面(ばめん)です。

基本常識

新人(しんじん)・若手社員(わかてしゃいん)の方(かた)は、まずは「仕事(しごと)とは何(なに)か」を理解(りかい)し、その基本的(きほんてき)な進(すす)め方(かた)を身(み)に付(つ)けることを目的(もくてき)としての新人教育(しんじんきょういく)を受(う)ける。

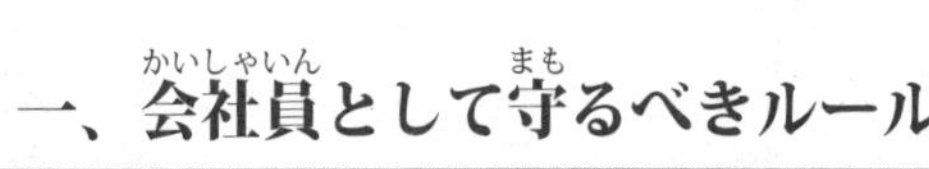

一、会社員として守るべきルール

1. 仕事とプライベートをきちんと区別する。

2. 勤務中は、私用の携帯電話、携帯メールの使用は極力控える。

3. 席や持ち場を離れるときは、周囲の人に行き先と戻り時間を告げる。

4. 社外での会話は、社名や仕事内容が分かるような会話は慎む。思わぬところから情報が漏洩してしまう可能性がある。

二、新社会人の基本

（一）退社するとき

1. 自分の仕事が終わっても周りが忙しそうにしていたら、「何かお手伝いできることはございませんか」と声をかける。

2. 上司へ仕事の完了報告をする。

3. 机の上を整理・整頓する。PCの本体、ディスプレーの電源が切れたか確認をする。

4. 周囲の人に「お先に失礼します」とあいさつをしてから退社する。

（二）欠勤、遅刻の連絡

1. 休暇を希望する日が決まったら、できるだけ早く上司に口頭で申し出る。

2. 上司の了承を得たら、会社のルールに従って休暇願いなどを提出する。

3. 休暇の前に、同僚や上司に仕事の進行状況などの引き継ぎをしておく。また、緊急時などに備えて、連絡先を伝えておく。

4. 休暇を終えて出社したら上司や同僚に、「休暇をいただき、ありがとうございました」とあいさつする。

急に欠勤するとき

1. 始業時刻前に直属の上司に連絡する。不在の場合は、そのほかの上司へ伝え、伝言を頼む。

2. 連絡は本人が電話で行い、具体的な理由と謝罪の言葉を伝える。

3. その日の仕事の予定を説明し、お願いしたいことをまとめておく。

急に遅刻するとき

1. 遅刻しそうなことが分かったら、なるべく早く連絡する。始業時刻前に連絡するのが基本。

2. 謝罪と事情の説明をし、出社が何時ごろになりそうかを伝える。

3. 始業前までに連絡をしないと、無断欠勤になる場合もある。

（三）話すときのマナー

1. 話すときは体を相手の方へ向け、片目か鼻のあたりを見て話す。

2. 相手が聞き取りやすいペースや声のトーン（少し高め）で語尾まではっきり発音する。

3. 姿勢を正し、自然な表情を心がける。

（四）聞くときのマナー

1. 話している相手の片目か鼻のあたりを見る。

2. 話の切れ目などにはタイミングよく「はい、そうですね」「本当ですか」などとあいづちを打ち、うなずきながら聞く。

3. 相手が話している途中で口を挟まず、最後まできちんと聞く。

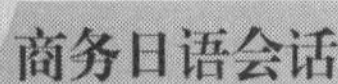

三、新卒で入社してきた新人の新入社員に必要な基本

（一）試用期間

採用時、労働者（新入社員）を正式に採用するかどうかを判断するために、1ヶ月～6ヶ月程度試用する期間を設けることで、いわゆる「お試し期間」のこと。一般的には3ヶ月程度、長くても6ヶ月程度の試用期間を設ける企業が多い。試用期間といっても採用したことに変わりはないので、その期間中は社会保険や時間外手当（残業代）も適用される。また、企業側は正当な事由がない場合は簡単に解雇できるわけではなく、労働者側も勤務態度が非常に悪い場合や遅刻を繰り返すなど、会社に対して非協力的である場合は解雇される正当な事由となる。

企業側が試用期間中に判断する主な事項：

（1）出勤状態

（2）勤務態度

（3）勤務成績

（4）協調性

（5）健康状態

試用期間中、これらの事項に問題がある場合、本採用を拒否できる正当な事由になる。

ただし、14日以上勤務したあと採用に至らず解雇する場合は、通常の解雇手続きと同様、30日前に解雇予告を行うか、解雇予告手当として30日分の平均賃金を支払わなければならない。

（二）就業規則

賃金や労働時間、休暇などの労働条件や、働く上でのルールを取り決めたもの。なお、労働基準法や労働協約に反する就業規則は無効となる。

（三）チームワーク

ある目標に向けて共同で仕事を行うために、お互いに協力し合い、一体となって、全体としての成果をあげるよう動くこと。

四、自己紹介の基本

1. 配属部署、名前をはっきり大きな声で。

2. 中途入社の場合は、前職などこれまでの経歴を簡略に述べる。

3. 今後の仕事にかける意気込みなどを語り、最後に指導や協力をあおぐ言葉で締めくくる。

同じ部署内の上司や先輩には、部署名を言う必要はない。なるべく簡略に、言葉遣いは丁寧に。早口になりがちだが、ゆっくりと聞き取ってもらえるように話す。自己紹介もあいさつと同じで、下の者から目上の方にするのが基本である。上司や先輩には自分から進んで自己紹介する。ただし、自己紹介は簡潔に。出身大学の名前や資格を持っていることなど、長々と自己PRをする必要はない。

金美玲　：おはようございます。

受付　：いらっしゃいませ。おはようございます。

金美玲　：今日からこちらでお世話になる金美玲と申しますが。

受付　：はい、金美玲様ですね。六階の第一会議室へお上がりください。そちらで研修がございます。こちらのエレベーターで上がっていただきますとエレベーターの正面が第一会議室でございます。

金美玲　：はい、そうですか。ありがとうございます。

（六階の第一会議室で）

田所　：おはようございます。皆さんとは何度かお会いしていますが、改めて日本桜商事への入社おめでとうございます。人事部主任田所健一です。今日は新人研修を実施します。皆さんの研修担当の北村さんを紹介します。

北村　：おはようございます。人事部の研修担当北村洋子と申します。それでは、今期入社される二名の方はこれから同期入社の仲間として助け合って頑張っていただきたいと思いますので、まず自己紹介をお願いします。

石原　：石原あゆみと申します。よろしくお願いいたします。この春、東京大学経済学部を卒業しました。仕事の経験はないので少し不安ですが、早く会社に慣れてお役に立ちたいと思います。ご指導の程よろしくお願いいたします。

金美玲　：金美玲と申します。中国の遼寧大学を卒業しました。仕事の経験も全然ありません。日本の会社は初めてなので、分からないことばかりですが、頑張りますのでどうぞよろしくご指導ください。

田所　：二人とも仕事の経験がなくても、今日から会社の一員として協力して頑張ってください。それじゃ、中村さん、僕は今日はこれで失礼するから、後はよろしくお願いします。

北村　：はい、分かりました。それでは、早速会社の就業規則や休暇届などについて説明します。

（午後研修前六階の第一会議室で）

石原　：こんにちは。

金美玲：こんにちは。

石原　：じゃ、改めて私、石原です。よろしく。趣味は登山とカラオケです。金さんだっけ？

金美玲：はい、金美玲と申します。よろしくお願いします。日本の会社は何も分からなくて本当に不安です。よろしくお願いします。

石原　：大丈夫よ、金さん、それだけ日本語が上手なんだから。

金美玲：いいえ、そんなことありません。まだまだです。

石原　：金さんの声がきれいですね。

金美玲：ありがとうございます､私もカラオケが大好きなんで､今度一緒に行きましょう。

石原　：本当？いいですね。

北村　：いよいよ発令ですね。人事部主任から辞令が交付されて、皆さんの配属先が決まりました。その後、本社内各部へ挨拶回りをして、それぞれの部署へ配属となります。それでは田所主任お願いします。

田所　：研修御苦労様でした。初心を忘れずに会社の一員として頑張ってください。それでは最初に金美玲さん。

金美玲：はい。

田所　：金美玲殿事務職員に採用し営業部勤務を命ずる。但し、試用期間を六ヶ

月とする。令和一年四月一日、日本桜商事。

金美玲　：ありがとうございます。よろしくお願いいたします。

田所　：次、石原あゆみさん。

石原　：はい。

田所　：石原あゆみ殿事務職員に採用し経理部勤務を命ずる。但し、試用期間を六ヶ月とする。令和一年四月一日、日本桜商事。

石原　：ありがとうございます。よろしくお願いいたします。

田所　：お忙しいところすみません、ちょっとよろしいでしょうか。今年度採用の新人のご紹介に伺いました。本日発令があり、配属先が決まりました。営業部に配属となりますのでよろしくお願いします。それでは金さんお願いします。

金美玲　：営業部に配属になりました金美玲と申します。一生懸命頑張りますので、ご指導よろしくお願いします。

皆さん　：よろしくお願いします。

田所　：金さん、こちらは営業部の大塚課長です。

金美玲　：初めまして、金美玲と申します。これから、よろしくお願いいたします。

大塚　：こちらこそ、大塚です。金さん、明日から頑張ってね。

金美玲　：はい、頑張ります。

（翌朝）

金美玲　：課長、おはようございます。

大塚　：おはよう。金さん、お客さんだよ。

金美玲　：おはようございます。いつもお世話になっております。日本桜商事の営業部の金美玲でございます。

（名刺を出す）

三浦　：ちょうだいします。日本貿易会社営業部の三浦でございます。こちらこそ、いつもお世話になっております。

（名刺を出す）

金美玲　：こちらは課長の大塚です。

大塚　：いつもお世話になっております。日本桜商事の営業部の大塚太郎でございます。

（名刺を出す）

三浦　：三浦です。よろしくお願いいたします。この度の新商品の件では、お世話になっておりまして、ありがとうございます。

大塚　：こちらこそ、よろしくお願いいたします。さあ、どうぞ、おかけください。

三浦　：失礼いたします。

大塚　：お茶をどうぞ。

三浦　：ありがとうございます。いただきます。

単　語

研修 / 进修，培训

エレベーター / 电梯

正面 / 正面，前面

改めて / 重新；再

入社 / 进公司，入社

新人研修 / 新人培训

実施 / 实施，实行

自己紹介 / 自我介绍

今期入社 / 这一期进公司，本期进公司

同期入社 /（同期）同时期进公司

助け合う / 互相帮助

就業規則 / 上班规则

休暇届 / 休假条

カラオケ / 卡拉 OK

発令 / 发布命令

辞令 / 任免命令，任免证书

交付 / 交付，交给，发给

配属 / 分配，配属

関連表現

1. ご趣味(しゅみ)は何(なん)ですか。
2. 何(なに)か好(この)みがありますか。
3. それは個人的(こじんてき)な好(この)みです。
4. 出身地(しゅっしんち)はどこですか。
5. どこの大学(だいがく)に勉強(べんきょう)しましたか。
6. ご専攻(せんこう)はなんですか。
7. ご専門(せんもん)はなんですか。
8. お勤(つと)め先(さき)はどこですか。
9. どの会社(かいしゃ)に勤(つと)めていますか。
10. ご家族(かぞく)は何人(なんにん)ですか。

練習一　新卒新人入社のあいさつ

おはようございます。私はこの度、研修を終えて営業一課に配属されました呉と申します。今年三月に大学を卒業するまでは親のすねをかじって生きてきたわけですが、これからはいよいよ社会人一年生だと気を引き締めております。

まだ、学生気分が抜けきっていないところがあるかもしれませんし、仕事についても全く分かりませんので、何かと皆様にご迷惑をおかけすることがあろうかと思います。そんなときはぜひとも厳しくご指導ご鞭撻くださいますよう、お願いいたします。

私も諸先輩方のご指導を仰ぎ、一日も早く〇〇社の名に恥じない社員になれるよう努力したいと思っております。

どうかよろしくお願いいたします。

練習二　自己紹介

こんにちは、はじめまして。

今年4月にキー・ポイントへ入社しました。趙と申します。

入社してから、もう一ヶ月以上経ってしまっていますが、自己紹介させていただきます。

ビジネス専門学校の日本語学科で3年間勉強してきて、このたび、新卒採用で採用していただきました。

第三課 挨拶

登場人物

中国の遼寧大学の卒業生金美玲さんが入社してから、まず、日本桜商事の営業部の大塚課長からの朝礼の挨拶、それから、社内と社外でのいろいろな場面の挨拶です。

基本常識

挨拶というものは、非常に重要なもので、コミュニケーションを生み出す第一の方法である。新入社員（若手）であれば率先して挨拶をすること。

社内での挨拶

（一）挨拶のビジネスマナー

挨拶のポイントとしては「明るさ」「視線」「表情」の三つが重要なポイントである。

1. 明るい挨拶

挨拶は、元気・明瞭に発音するのが重要です。聞き取りにくい声やボソボソした挨拶ではそもそも挨拶としての意味を成さない。

2. 視線を相手にしっかり向ける

言葉を発するだけでは挨拶とは言えない。どんなに急いでいても挨拶とともに、必ず相手の目を見るようにすることが大切だ。

3. 表情

原則としてしっかりとした笑顔で挨拶する。暗い顔で挨拶してもお互いさわやかな気持ちにはならない。

（二）社内での呼称

社内での人の呼称（呼び方）は、原則として「さん付け」をする。後輩であれば呼び捨てでもかまわないが、相手が目上の場合は、役職に関わらず「さん付け」が原則。新入社員の場合は社内全ての人を「さん付け」または「役職名」で呼ぶ。

社内の人には常に尊敬の念と丁寧な接し方を心がけ、役付きでない人の場合は、「○○さん」とさん付けが基本。それに対して、役付きの場合は「□□課長」といったように、名前の後ろに役職を入れて呼ぶ（会社によってはどの役職の人も「さん付け」で呼ぶようにしている会社もある。こうした場合はその会社の呼び名に従う）。なお、名前に役職名をつけることで尊敬的な意味があるので、□□課長さんと呼ぶのは不適切だ。

（三）社内と社外では呼称が異なる

社内における人の呼び方は、あくまでも「内」におけるマナーであり、場所が変わって、お客様や取引先に社内の人を呼ぶ場合は「内と外」の取引となるから、ビジネスマナーとしては、外＞内という呼称にしなければならない。つまり、取引先の伊藤様より会社に電話があり、自分の上司である平野さんと電話をかわって欲しいと依頼されたとする時に「平野さんはただいま席をはずしております」と回答するのは不適切だ。社外の人と話すときは、社内の人間は原則呼び捨てでかまわない。上記の例でしたら「平野はただいま席をはずしております」というのが正しい呼び方である。

　また、役職名も前述の通り尊敬的な意味合いがある言葉なので、使用を避ける。例えば、「伊藤課長はいらっしゃいますか？」と聞かれた場合は、「伊藤は今別の電話に出ております」という答えが適切だ。「伊藤課長は…」という回答はマナー的に誤りということになる。ただし、「課長の伊藤は…」という回答についてはビジネスマナーとしてOKということになっている。

金美玲　：課長、おはようございます。

大塚課長：おはよう。昨夜の歓迎会楽しかったんですか。

金美玲　：すごく楽しかったです。昨夜はどうもご馳走さまでした。

大塚課長：終わってから、まっすぐ帰ったの。

金美玲　：はい、電車でまっすぐ帰りました。

大塚課長：金さんのおかげで、久しぶりにちょっと飲み過ぎちゃった。

金美玲　：私も飲み過ぎだったのですが、今朝起きて、頭がまだフラフラしているのです。

秘書　　：課長、おはようございます。

大塚課長：おはよう。

秘書　　：金さん、おはよう。

金美玲　：おはようございます。

（二人にアイスコーヒーを出す）

秘書　　：どうぞアイスコーヒーでも飲んで目を覚ましてください。どうぞ。

大塚課長：ありがとう、おいしいね。

金美玲　：ありがとうございます。いただきます。

大塚課長：さあ、もうそろそろ時間ですね。朝礼しましょうか。

　　　　　みなさん、おはようございます。毎日暑い日が続いていますが、特に外回りの社員はくれぐれも体調に気をつけてください。

　さて、最近、お客様からの苦情の電話が増えています。私たちの小さなミスも、重なれば会社の信用問題に発展する恐れがあります。サービスの基本はお客様への感謝の気持ちです。お客あっての会社であるという基本に戻って、自分の仕事をぜひ見直してみてください。そして、「他社よりも一歩先をいくサービス」という創業の精神を、今一度噛みしめましょう。なお、今日は日本貿易会社の方がお見えになる予定になっていますから、くれぐれも粗相のないようにお願いします。

　では、今日も一日頑張ってください！

大塚課長　：　金さん、今日も引き続き市場調査だね、早めに調査報告を頼むよ。

金美玲　：　はい、かしこまりました。今日また二、三軒の百貨店を回ってきてから、報告を書きます。

大塚課長　：　頼むよ。

金美玲　：　では、行ってまいります。

大塚課長　：　いってらっしゃい。

（日本百貨店営業部で）

金美玲　：　いつもお世話になっております。はじめまして。私、日本桜商事の営業部の金と申します。（名刺を渡す）

東谷　：　ちょうだいいたします。私、日本百貨店営業部の東谷と申します。（名刺を渡す）

金美玲　：　失礼ですが、お名前は何とお読みすればよろしいのでしょうか。

東谷　：　「ひがしたに」と読みます。

金美玲　：　「ひがしたに」様ですね。いろいろ商品の市場調査をしているんですが、

どうぞよろしくお願いいたします。

東谷　：いいえ、こちらこそ、よろしくおつきあいお願いいたします。

（出先から戻って）

金美玲　：ただ今戻りました。

大塚課長　：お帰り。

秘書　：お帰りなさい。

大塚課長　：お疲れ。

秘書　：お疲れさま。

大塚課長　：今日どうだった？

金美玲　：今日は日本百貨店営業部の東谷さんの所でいろいろ調べてきました。今頃、何が一番売りやすいとか何があまり売れないとか…

大塚課長　：金さん、よくやった。

金美玲　：ありがとうございます。

大塚課長　：僕が見込んだだけのことはある。これからは、君にはもっと大きな仕事をやってもらおう。

金美玲　：ありがとうございます。課長のご期待に添えるよう、頑張ります。

大塚課長　：うん、頼むよ。期待している。

（退社のとき）

金美玲　：課長、お疲れ様でした。お先に失礼いたします。

大塚課長　：ご苦労さま。

金美玲　：みなさん、お疲れ様でした。お先に失礼します。

秘書　：お疲れ様でした。

単語

歓迎会 / 欢迎会

飲み過ぎ / 饮酒过量

頭がフラフラする / 头晕

アイスコーヒー / 冰咖啡

朝礼 / 早会

外回り / 外勤

体調 / 健康状况，身体条件

気をつける / 注意

苦情 / 抱怨，不满

ミス / 错误，差错

信用問題 / 信用问题

サービス / 服务

見直す / 检讨，重新考虑

他社 / 其他公司

一歩先 / 早一步，快一步

創業 / 创业

噛みしめる / 玩味，仔细欣赏

くれぐれも / 反复，周到，仔细

粗相 / 疏忽，差错

引き続き / 接着，继续

市場調査 / 市场调查

調査報告 / 调查报告

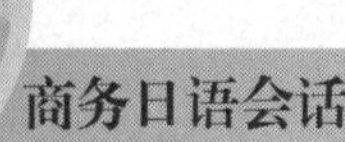

関連表現

☺ よく使う挨拶の言葉

1. 出社：おはようございます。
2. 外出：行ってまいります。

    いってらっしゃい。
3. 帰社：ただ今戻りました。

    お帰りなさい。

    お疲れさまでした。
4. 社外の人に：こんにちは。

    いつもお世話になっております。
5. 感謝：ありがとうございます。
6. お詫び：申し訳ございませんでした。

    大変恐縮です。
7. 注意された時：申し訳ございませんでした。

    以後気をつけます。
8. 依頼：お手数をおかけいたします。

    よろしくお願いします。
9. 了解：かしこまりました。

    承知いたしました。
10. 退社：お先に失礼します。

    お疲れさまでした。

練習一　挨拶の仕方

1. 朝の挨拶

（1）上司や先輩には

おはようございます。

（2）同期入社などの親しい人には

おはよう。

（3）相手に関心を示して

昨日はお疲れさまでした。

2. 社外に出かけるとき、会社に戻ってきたとき

（1）出かけるとき

行って参ります。

○○工業さんへ出かけます。

（2）近くから帰ってきたとき

ただいま。

行って参りました。

（3）出先から帰ってきたとき

ただいま帰りました。

遅くなりました。

3. 退社するとき

（1）一般的には

失礼します。

（2）上司や先輩には

失礼いたします。

お先に失礼させていただきます。

4. 他の部署を訪ねるとき

（1）社内であっても一般的には

失礼いたします。

お邪魔いたします。

（2）相手の状況を考えて

お忙しいところ申し訳ありませんが、今よろしいでしょうか。

（3）はじめに用件を

○○の件で伺いました。

△△についてお願いに参りました。

（4）用件が終われば

ありがとうございました。

お忙しいところ失礼いたしました。

○○の件、よろしくお願いいたします。

5. その他改まった場面などのとき

（1）入社したときの挨拶

ただいまご紹介いただきました○○です。よろしくお願いします。

△△と申します。ご指導くださいますようお願いします。

何も分かりませんので、よろしくご指導願います。

（2）転勤、引き継ぎの挨拶

この度、名古屋支店から参りました○○でございます。よろしくお願いいたします。

本社から転任いたしました△△です。大阪は初めてで、分からないことも多いので、ご指導よろしくお願いいたします。

（3）新年の挨拶

あけましておめでとうございます。

昨年中はいろいろありがとうございました。今年もよろしくお願いいたします。

（4）年末の挨拶

今年は大変お世話になりまして、ありがとうございました。来年もよろしくお願いいたします。

よい年をお迎えくださいませ。

6. 職場のコミュニケーションを高める挨拶

（1）おはようございます。（明るく、元気よく、誰よりも早く）

（2）ありがとうございます。（ささいな事でも感謝の気持ちが伝わるように）

（3）申し訳ありません。（自分の過失を素直に詫び、反省の気持ちを伝える）

（4）はい。（人から呼ばれた時は気持ちよく、すぐに返事する）

（5）分かりました。（上司の指示に対してはっきりと。ただし意味や内容が不明確で曖昧な箇所がある場合は再確認すること）

（6）いらっしゃいませ。（来客の際には、快く迎える）

（7）いってらっしゃい。

お疲れさまです。

お帰りなさい。（職場内のコミュニケーションを円滑にする挨拶）

練習二　次の会話を練習しなさい

（新人が会社で最初に教え込まれることの一つは「挨拶」です。新卒入社の陳さんは朝の出勤途中で真田部長に声をかけられました）

部長　：陳君、おはよう。

陳　　：あ、部長…。どうも…。

部長　：なんだか元気がないみたいだが、若いのに夏バテでもしたか？

陳　　：いえ、特にそういうわけではないですけど。自分は朝はいつもこんな感じで

すよ。

部長　：陳君の元気な挨拶を、もう一度聞きたいな。

陳　　：はあ…。部長、お聞きしたいことがあるんですが、挨拶ってそんなに大事なものなんでしょうか？いるかいないかの確認であれば、目で見て「ああ、いるな」と思えば十分な気がしますが。

部長　：そうだな。まず覚えておいてほしいのは、挨拶というのは自分の心を相手に対して開く行為だということだね。だから挨拶をされた側は、その人に対して無条件で好印象を抱くようになる。自分に関心を持ったという「合図」を示した、と感じるんだな。

陳　　：関心を持った合図、ですね。

部長　：自分も相手もそれぞれが心を開くわけだから、当然お互いの距離も近くなる。仲間内での結束力やチームワークも高まるはずだよ。

陳　　：はい、分かりました。

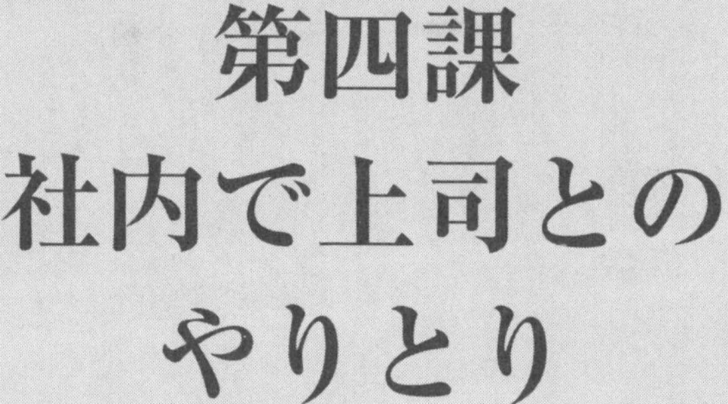

第四課 社内で上司とのやりとり

登場人物

日本桜商事の営業部の金美玲さんが日本百貨店営業部の谷口課長から商品の注文電話をいただいて、日本桜商事の営業部の大塚課長に報告、連絡、相談した場面です。

基本常識

一、報告・連絡・相談

職場におけるコミュニケーションは報告、連絡、相談が基本。すぐに報告し、こまめに連絡、そして疑問や心配事は相談する。

(一) 上司、先輩への報告

1. 報告の定義や重要性

報告とは、上司から指示された仕事の経過・結果を上司に知らせることである。上司から指示・命令を受けたら報告をする義務があるのである。そして、業務は指示・命令した人に報告があって初めて終了するのである。報告がないと業務は終了

していないのである。その報告の形は、

(1) 終了報告

(2) 途中報告

(3) 変更報告

(4) 事故報告

(5) 情報報告

という分類がある。この五つの報告は業務上の義務になる。

2. 正しい報告のビジネスマナー

報告のポイントとしては、分かりやすいように主題から切り出すのがポイント。「○○の件で報告があります」と切り出すと上司も何の点についての報告か分かりやすい。

次に、結論を言うこと。理由としては、経緯から説明されると、「それで結局どうしたの?」と言いたくなってしまう。最後に、それでどうするという意見を述べること。なお、注意点として「報告の際に最初に言い訳をしない」ということ。「○○が忙しくて、あと××の関係で・・・」と述べられると上司としてもいい気持ちはしない。まずは、結論を言い、その経過報告を行うようにすることが大切だ。

(1) 指示された仕事が終わったら直ちに報告する。

(2) 報告の際には、上司の都合を聞いてから。

(3) 事前に報告の内容をまとめておく。

(4) 報告する頻度は、午前中1回、午後に1回を目安に。

(二) 連絡

1. 連絡の定義や重要性

連絡とは、自分の意見を付け加えず、事実情報を関係者に知らせることで、相手への配慮から出る行為である。一緒に仕事をしている相手と情報を共有することで、お互いが迷わず安心して効率よく働けるために行う。「連絡」は主に、これからの仕事の予定やスケジュールなどを伝える。これを怠るとすべての作業に支障を来す。日程など数字を用いる場合は、口頭で伝えるだけでなく、メールや他のビジネスツールを用いて伝えるとトラブルを防ぐことができる。

2. 連絡の仕方

「連絡」のタイミングは、自分が忘れないうちに行うこと。

（1）内容の良し悪しに関係なく、迅速に連絡する。

（2）情報の重要性・緊急性を的確に判断し、連絡すべき人には、確実に伝わるようにする。この時、連絡する順番を間違えないようにすること。一番最初に相談するべき人は、直属の上司が基本である。

（3）関係先からの問い合わせは必ず連絡する。

（4）変更事項があった場合は必ず連絡する。

（三）相談

1. 相談の重要性や定義

相談とは、判断に迷うときに、上司、先輩、同僚にどうしたらいいか意見を聞くことで、仕事上の相談は業務の指示をした人にするという原則がある。通常は直属の上司になる。

2. 正しい相談のビジネスマナー

（1）相談の要点をまとめておく

（2）簡潔・要領よく話す

（3）関係ない話はしない

3. 相談の仕方

まず「お忙しいとは存じますが、今よろしいでしょうか？」と相手の都合を聞き、次に何を話そうとしているのかを伝える。なんとなく話しはじめると、相手は「報告なのか」「連絡なのか」「相談に乗ってほしいのか」が聞いていても分から

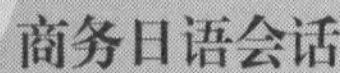

ず、イライラする。これから何を話そうとしているのか伝えることが先決である。現物、資料、進行プロセスが分かるものを準備して、自分なりの答え、対策を用意してから相談する。

作業中の仕事については、その都度聞くのがいい。仕事の進め方や緊急でないものは、仕事中でなくともブレイクタイムや飲み会といった環境でさりげなく相談するのもいい。

二、日系企業でのコミュニケーションのやりかた

日系企業独特なコミュニケーションのやりかた内容は「報告、相談、連絡」である。日本語文章中いつも、この言葉の第一番目の字を取って、よく「HOURENSOU」と言われる。この発音はほうれん草の発音と同じ、それが故に覚えやすいし、しゃべりやすい。日本では、報告、連絡、相談普通「報連相」と略称している。「報告、連絡、相談」は日本人が一番重要視しているビジネスコミュニケーションのフォーマットである。現地の日系企業で働くなら、必ず理解すべきである。日本でも、「報連相」は基本的な常識である。新人が企業に入って、最初の勉強もこれである。

金美玲　：課長、今お時間よろしいでしょうか。

大塚課長：ああ、いいよ。何ですか。

金美玲　：課長、先ほど、日本百貨店営業部の谷口課長から商品の注文電話をいただいて、中国産のわかめのオーダーを頂きました。それで、すぐに生産に入りたいのですが。

大塚課長：そうか、それはよかった。よく頑張ったね。それで、数量は？

金美玲　：はい。1万6千ケースになります。

大塚課長：分かりました。納期については話をしましたか。

金美玲　：ええ、いたしました。しかし、谷口課長は、納期は今月28日までのご希望なんですが、大丈夫でしょうか。

大塚課長：1万6千ケースで、28日か。28日はちょっと難しいかもしれないな。とにかく、納期については、今からすぐに工場と交渉してみるよ。

金美玲　：よろしくお願いします。結果が分かりましたら、私の携帯にお電話いただけますか。谷口課長にお知らせしたいので。

大塚課長：携帯に？

金美玲　：はい、私はこれから日本百貨店営業部に行きますので。

大塚課長：ああ、そうか。じゃ、分かり次第、すぐに連絡するよ。

金美玲　：課長、もし遅くなりましたら、そのまま直帰しても構わないでしょうか。

大塚課長：ああ、いいよ。もし、そのまま帰るんだったら、一応、会社に電話を入れてください。金さんに何か用事があるかもしれませんから。

金美玲　：はい、分かりました。

金美玲　：課長、お忙しいところすみません。ちょっと相談に乗っていただきたいことがあるんですが。

大塚課長：ああ、いいよ。

金美玲　：日本百貨店のわかめの件ですが。

大塚課長：ええ、どうしたの。

金美玲　：私は見積書を出したんですが、日本百貨店の谷口課長がうちのオファーは少し高いので、もう少しお安くなりませんかと言われました。

大塚課長：そうか。今回はかなり安い価格をオファーしたんだろう？

金美玲　：はい、私もそう言いましたが、谷口課長は日本では価格競争が激しくて、高い値段ではなかなか売れないから、貴社に大量注文した場合、10% のディスカウントは可能でしょうと言いました。

大塚課長：そうか。コストの問題があるから、10% の割引はちょっと難しいなあ。

金美玲　：はい、私もそう言ったんですが、谷口課長からどのくらい注文すれば、何パーセントのディスカウントをしてくれるのか、もう一度オファーしてほしいと言われました。それから、ベストプライスを出してほしいとのことです。

大塚課長：分りました。じゃ、今から部長と相談してから、また、金さんに返事するよ。

金美玲　：はい、よろしくお願いします。

金美玲　：谷口課長、新しく作成したオファーをメールで送りましたが、ご覧になりましたか。

谷口課長：ええ、拝見いたしました。8% のディスカウントになっていましたね。

金美玲　：はい。それが私どものベストプライスです。課長とも相談したんですが、10% の割引ですと、コストを割ってしまう恐れがあるんです。その点をご理解いただきまして、なんとか 8% でお願いしたいんですが。

谷口課長：分かりました。それでは 8% のディスカウントということで結構です。とてもいい商品ですから、日本桜商事さんには、あまり無理なことは言えませんね。

金美玲　：ありがとうございます。そう言っていただければ、うれしいです。

谷口課長：その代わり、最低注文数なんですが、5 千ケースからにしていただけませんか。オファーには、1 万ケース以上の注文に対して 8% の割引をするということになっていましたね。

金美玲　：ええ、そうです。

谷口課長：当社は、最初に 1 万 6 千ケース注文して、売れ行きがよければ、更に 5 千ケース追加注文しようと考えております。

金美玲　：承知しました。今回の新商品は間違いなく売れると確信を持っておりますので、問題はないと思います。それでは、5 千ケー

ス以上で8%の割引ということにさせていただきます。

谷口課長　：そうしていただけると、助かります。それでは、契約書を郵送で送ってくれますか。

金美玲　：はい、本日、郵送いたします。この度はご注文をいただきまして、本当にありがとうございました。

単　語

注文電話 / 订货电话

わかめ / 裙带菜

オーダー / 订购，订货

数量 / 数量

ケース / 箱，盒

納期 / 交货期

交渉 / 交涉，谈判

次第 / 情况，情形

直帰 / 办完公事直接回家

一応 / 暂且，首先

用事 / 事，事情

相談に乗る / 参加商量，帮人斟酌

見積書 / 报价单

オファー / 开价，报价，报盘

価格競争 / 价格竞争

値段 / 价格，价钱

ディスカウント / 打折

コスト / 成本，生产费

ベストプライス / 最合适的价格

メール / 邮件

割引 / 折扣

無理 / 勉强；不可能

最低注文数 / 最低订货量

売れ行き / 销路，销售情况

追加注文 / 再增加订货

契約書 / 合同书

郵送 / 邮，寄，邮寄

関連表現

一、報告する時

1. 課長、お忙しいところ申し訳ないのですが。
2. 課長、ご報告いたします。例の契約の件ですが…
3. 今、お時間よろしいでしょうか。
4. ○○分ほど、お時間をいただけますか。
5. お仕事中を申し訳ないのですが。
6. お食事中を申し訳ないのですが。
7. 退社間際に申し訳ないのですが。
8. 失礼します。○○の件で、ご報告したいのですが、お時間よろしいでしょうか。
9. ご依頼の書類が整いましたので、ご確認いただけますでしょうか。
10. お忙しいとは存じますが、今よろしいでしょうか。

二、連絡する時

1. 昨夜から熱がありますので、今日一日休ませていただきたいんですが。
2. 頭が痛いので、今日は休ませていただけませんか。
3. 電車の事故がありまして、20 分ほど遅くなりそうです。
4. 交通事故があったため、ちょっと遅れます。
5. 先ほど商談が終わりましたので、これから会社に戻ります。
6. 遅くなりましたら、会社には戻らないで、そのまま直帰してもよろしいでしょうか。
7. 商談が終わりましたら、もう一度、会社に電話を入れます。
8. 決まりましたら、もう一度、ご連絡いたします。

9. 2点ほどお伝えしておきたいことがございます。

10. ご連絡いたします。台風の影響で、明日の旅行は中止になりました。

三、相談する時

1. とても今週中には仕上がりません。いかがいたしましょうか。

2. どちらの仕事を優先させたらよいのでしょうか。

3. 価格の件ですが、どうすればよろしいでしょうか。

4. この件は、どのように対処すればよろしいでしょうか。

5. 課長、ちょっと相談したいことがありますが。

6. 課長、私はどう返事すればよろしいでしょうか。

7. 課長、恐れ入ります。教えていただきたいのですが。

8. お暇な時、ちょっと相談に乗っていただきたいことがあるんですが。

9. 折り入って、お話したいことがございます。

10. お電話では何ですから、お目にかかってご相談したいのですが。

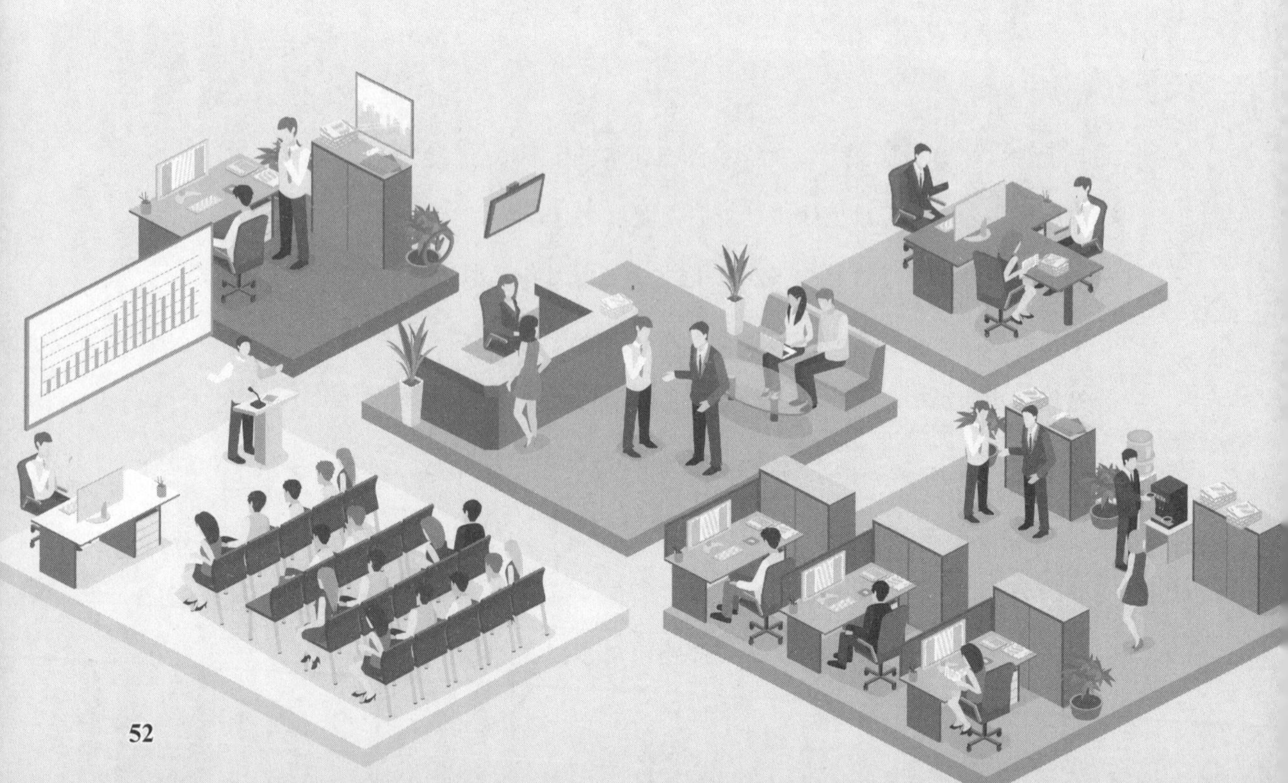

練習一　上司に仕事に関係することを相談するケース

1. 苦情処理について相談する

金美玲　：退社間際に申し訳ないのですが。

大塚課長：何ですか。

金美玲　：ただ今、お客様からファックスでこのような苦情が寄せられまして。

大塚課長：ちょっと、見せて。…（読みながら）…至急、調査したほうがいいわね。

金美玲　：はい。ところが、あいにく担当者が外出中で連絡が取れないんです。どうすればよろしいでしょうか。

大塚課長：とりあえず、お客様に一両日中に調査の上、お返事を差し上げると連絡しておいてください。

2. 取引先の提案について相談する

金美玲　：課長、10分ほどお時間いただけますか。

大塚課長：うん、いいよ。何？

金美玲　：実はA社から、このような共同企画の提案がなされたのですが、…。…（文書を渡す）…それで、課長のご意見をお聞かせ願いたいと思いまして。

大塚課長：ちょっと、見せて。…（読みながら）…ふんふん、いい話じゃないか。

金美玲　：はい、私もそう思ったのですが、あちらには上司と相談した上で改めてお返事すると答えておきました。

3. 社内の人間関係の悩みの相談

金美玲　：課長、今お時間よろしいでしょうか。

大塚課長　：いいよ。

金美玲　　：実は社内のことで課長に折り入ってご相談したいことがあるんですが。

大塚課長　：何か困っていることがあるのか。

金美玲　　：はい。実は、もっと早くご相談すべきだったのですが、菊池君と池田さんが何かにつけて対立し、製品開発チームのまとまりがつかなくなって、それで、どうしたらいいか、課長にご相談に伺いました。

大塚課長　：もう少し、詳しい事情を話してくれないか。

金美玲　　：はい。ことの経緯は…

練習二　プライベートな相談

金美玲　　：課長、個人的な相談事があるんですが、今日の昼間、お時間いただけないでしょうか。

大塚課長　：いいわよ。じゃ、仕事が終わってから、どこかゆっくり話せるところにいきましょう。

金美玲　　：ありがとうございます。

練習三　部下への忠告

1. 思いやり

課長　　　：このごろ遅刻が多いようだけど、どこか体の具合でも悪いの？

金美玲　　：申し訳ありません。これから気をつけます。

課長　　　：こんなことで評価を落とすのはもったいないよ。

金美玲　　：はい。

（注意：直接、「どうして遅刻したんですか」と攻めるよりもはるかに効果的な忠告になる。「こんなことで評価を落とすのはもったいないよ」と、ほめながら叱るのが上司としてのテクニックである。）

2. 寛容

金美玲　：今回はどうも申し訳ありませんでした。

課長　　：失敗は誰にもある。失敗から教訓を学べばいいんだよ。

金美玲　：今後二度とこのような失敗はいたしません。

課長　　：分かれば、それでいいんだよ。

（注意：反省している部下に「追い打ちを掛けるな」が忠告するときの鉄則で、そんな部下には上司としての寛容さを示し、慰めるぐらいの余裕を持つ。）

3. 警告

課長　　：自分の失敗を人のせいにしたり、言い訳がましいことを言うのはやめなさい。

金美玲　：申し訳ありません。

課長　　：同じようなことが二度三度と繰り返されるようでは、これ以上上司としてかばい切れません。きちんと始末書を書いてきなさい。

金美玲　：はい。

（注意：「始末書」というのは社則で懲罰に相当するような過ちをしたときに書く反省書だが、二度三度と繰り返されると、懲戒処分の対象となる。これは上司から部下への警告だが、「これ以上上司としてかばい切れません」の一言は、上司として部下を思う気持ちが表れている。）

第五課 社内で同僚や部下とのやりとり

登場人物

金美玲さんのオフィスでの一日です。まず、日本桜商事の営業部の藤本部長から指示を受けて、また、大塚課長からも翻訳の指示を受けました。それから、先輩とのやりとりの場面です。

基本常識

一、同僚・後輩とのつきあい方

1. どんなに親しくても、仕事中はけじめある態度で接する。学生気分に要注意。
2. 互いに助け合え、高め合える関係を築く。
3. チームワークを心がける。
4. 時間や約束は守る。
5. お金の貸し借りはしない。飲みに行ってもワリカンで。
6. 社内恋愛は節度をもって、水面下で。
7. 年上の後輩に対しても横柄な態度は禁物。

8. 人前で大声をあげて叱りつけない。

9. 後輩には「ほめ上手、叱り上手」になる。叱るときは、まず良い部分をほめてから、悪い部分を具体的に叱る。

10. どうしても気の合わない人であっても、仕事の仲間として挨拶は必ず行うこと。仕事帰りに食事に誘うなど、正面から向き合ってみてもいい。それでも駄目なら仕事のつきあいと割り切り、冷静に対処する。

二、社内で同僚や部下とのやりとり

上司から部下への指示、同僚や後輩への依頼の仕方、そのときの受け方、断り方、これらは会社の中では基本会話に属するが、相手の地位・年齢によって使い分けが生じる。

「～しろ」「～なさい」などの命令の形は、日常生活では家庭の中で親が子供を、教師が学生を叱るときに使うぐらいで、社内やビジネスの場で使う機会はほとんどない。現在では社内で上司が部下に指示するときにも、まず、「この件は君に任せるから、よろしく頼む」「何があっても、私が責任をとる」のような前置きと言って、それから依頼や希望の形を使って指示するのが普通である。業務指示の場合、男性上司は「～てくれ」「～てほしい／～てもらいたい」などの表現を使い、女性上司であれば、「～てくれない？／～てもらえない？」のようにもう少し柔らかい表現を使うことが多い。

上司方の指示があったとき、親しい上司であれば「はい、分かりました」でもいいが、「はい、承知しました／はい、かしこまりました」と応えるのが会社内であれば基本で、その方が上司から好感を持たれる。

しかし、困難が予想される指示に対しては、「そのような大役が私に務まるでしょうか」と少し予防線を張って、上司からの「何があっても私が責任をとる」とか、

「私もできるだけ協力するから」という言葉を待って、「難しいとは思いますが、私なりに全力を尽くします」と答えるのが賢明だ。つまり、そうしておけば、うまくいかなかったときも上司との共同責任になるし、これはビジネスマンとしての知恵でもある。

誰かに用件を頼むときは、「申し訳ないんですが」「ちょっと、お願いがあるんですが」のように、必ず前置きの言葉をつける。そうでないと依頼ではなく命令になってしまう。その際、先輩には「～て - くださいませんか / いただけませんか / いただけないでしょうか」の表現を使うが、親しい同僚や後輩には、「悪いんだけど」「ちょっと、お願いがあるんだけど」「～て - くれ / くれない？ / もらえない？」「～て - ほしいんだけど / もらいたいんだけど」の表現を使ってもかまわない。また、社内で親しい同僚や後輩に何かを頼むとき、「～て - ください / もらえませんか」「～て - ほしいんですが / もらいたいんですが」のように普通体口語のフレンドリーな会話体になるし、それが自然である。しかし、先輩に対しては「ちょっと、お願いがあるんですが」のように頼むのが原則である。ここが日本語のやっかいなところなのだが、言葉遣いには気をつけないと、「△△は先輩に対する言葉遣いも知らない」と先輩から反感を買うことになる。

一番難しいのが断り方である。「イエス」「ノー」が鮮明な言語圏の方は直截的で、「駄目です / できません」のように、はっきり意志表示するこの言い方は、日本人にはどきっとするほど厳しい拒絶と受け止められてしまう。そこで、日本人はまず先輩や上司であれば「申し訳ありませんが、～」、同僚や後輩であれば「悪いけど、～」などの詫びを言って、それから断らなければならない事情を述べる。そして、日本人は最後まで「駄目です / できません」という言葉を避けて、後は察してもらう言い方をする。これが「察しの文化」と言われるものだが、「断りの言葉を使わずに断る」のが日本語の特徴である。この「断り方」を失敗すると人間関係を一瞬で壊してしまう恐れがある。

（朝のオフィス）

金美玲　：おはようございます。

先輩　　：おはようございます。金さん、朝出勤してきたら、まずメールをチェックしてくださいね。課のミーティングの日時とか社内のお知らせなどは皆、メールで送られてきますから。

金美玲　：はい、分かりました。

先輩　　：それから、昨日も言いましたけど、いろいろな文書のフォーマットが入っていますから、全体を見ておいてくださいね。社内掲示板の閲覧や書き込みにはパスワードが必要ですからね。何か分からないことありますか。

金美玲　：いえ、今のところは大丈夫です。

先輩　　：後で分からないことがあったら、遠慮なく何でも聞いてくださいね。

金美玲　：はい、ありがとうございます。

藤本部長：金さん、ちょっといい？

金美玲　：はい、何でしょうか。

藤本部長：それ、今日の十時からの会議の資料なんだけど、18部コピーしてください。内部の会議だから、両面コピーにして構わないから。

金美玲　：はい、分かりました。

藤本部長：一番後ろの図表は字が小さくて読みにくいから、拡大してほしいんだ。

金美玲　：B4サイズでよろしいでしょうか。

藤本部長：そうだね。

金美玲　：図表だけ大きさが揃わなくても大丈夫ですか。

藤本部長：うん、折ってもいいから。全体をホッチキスで留めておいてください。

金美玲　：かしこまりました。

大塚課長：金さん、この書類、翻訳してくれないかな。

金美玲　：あっ、申し訳ありません、今部長から頼まれた、急ぎの仕事をしているんですが、部長の十時からの会議資料を作っているんですが、これが終わってからでよろしいでしょうか。

大塚課長：あ、そう。その仕事、いつ終わる？

金美玲　：今日の午前中の十時前に終わると思うんですけど。

大塚課長：いいよ、いいよ。この翻訳、急いでないから。明日まででで大丈夫だよ。

金美玲　：そうしていただけると、助かります。

（午後のオフィス）

金美玲：あのう、ちょっと、お願いしたいことがあるんですが。

先輩：なーに？

金美玲：お手数ですが、翻訳のチェックをお願いできませんか。

先輩：ごめんなさいね。今、手が離せないのよ。その翻訳、急ぎなの？

金美玲：ええ。明日中に、課長に提出しなければならないんです。

先輩：はい、分かりました。後で見るから、そこに置いといてちょうだい。

金美玲：いつも、助かります。

先輩：ああ、中華料理が食べたいなあ！

金美玲：じゃあ、明日、食べに行きましょうか。お礼にごちそうしますよ。

先輩：本当？チェックは、任しておいてね。

先輩：金さん、悪いけど、ノートパソコン、使ってもいいですか。

金美玲：ええ、かまいませんよ。どうぞ、使ってください。

先輩：いや、今じゃなくて、明日まで貸してもらえたら、助かるんだけど。

金美玲：申し訳ないんですが、今晩は家で使うんですよ。ノートパソコンがないと、明日の資料を課長に提出できないので。

先輩：ああ、そうか。今日はまた仕事をするんだね。じゃ、いいよ。

金美玲：できれば、お貸ししたいんですけど。どうもすみませんね。

（しばらくしてから）

先輩：金さん、チェックしたよ。

金美玲：本当。先輩、翻訳を手伝っていただいて、どうもありがとうございました。お手数をおかけしました。

先輩：いいえ、大したことではありませんよ。

金美玲：お陰様で、助かりました。分からない時は、また教えてくださいね。

先輩：いいわよ。ご遠慮なく、いつでもどうぞ。そのかわり、今度、高級料理をごちそうしてくださいね。

金美玲：えっ、高級料理ですか。

先輩：冗談です。冗談。

（笑った、時間を見ると）

金美玲：今日はバタバタしましたよ。もう五時ですか。

先輩：ああ、本当だ。金さん、お疲れ様。

金美玲：お疲れ様でした。お先に失礼します。

（先輩に相談する）

金美玲：ぜひ、先輩に聞いていただきたいことがあるんですが…

先輩：いいけど、何？

金美玲：先輩だけにご相談したい個人的なことなので、ここではちょっと、…

先輩：分かった。じゃ、仕事が終わってからどこかへ行こう。

金美玲：お願いします。

（相談を受ける。悩みごとを聞く。）

同僚：金さん、今、ちょっといい？

金美玲：いいですよ。どうしたの。

同僚：ちょっと、悩んでいることがあって、それで…

金美玲：分かりました。私でよければ、相談に乗りますよ。何でも言って。

同僚：ここじゃ、ちょっと…

金美玲：じゃ、喫茶店にコーヒーでも飲みに行きましょうか。

（喫茶店で）

金美玲：それで、何かあったの？

同僚：うん、実は人事課の菅さんから結婚を申し込まれちゃったんだけど、悩んでるんだ。

金美玲：好きじゃないの？それとも、何か問題があるの？

同僚：嫌いじゃないんだけど、彼、結婚したら会社を辞めて家にいて欲しいと言うの。でも、私、働き続けたいし、…。

単　語

オフィス / 办公室

ミーティング / 会议，集会

日時 / 日期和时间

文書 / 文书，公文，文件，公函

フォーマット / 形式，方式

社内掲示板 / 公司内部揭示板，布告

閲覧 / 阅览

パスワード / 密码，暗号

コピー / 复印

両面 / 两面，正反面

構わない / 没关系，不要紧

図表 / 图表

拡大 / 扩大

サイズ / 尺寸，大小

ホッチキス / 订书机，订书器

書類 / 文件，档案

翻訳 / 翻译

冗談 / 玩笑

バタバタ / 一个接一个；慌张

関連表現

（一）依頼する時

1. お忙しいところすみません。
2. 課長、今お時間よろしいでしょうか。
3. お仕事中、申し訳ありません。
4. ちょっと、お聞きしたいことがあるんですが。
5. 忙しいところを申し訳ないんだけど。
6. これ、大至急お願いしたいんだけど。
7. 申し訳ないけど、ちょっと手を貸してもらえる？
8. もう一度、教えてくださいませんか。

9. もう一度、おっしゃってください。

10. この後、どのようにすればよろしいでしょうか。

（二）同僚や後輩に対する依頼

1. 申し訳ないんですけど、もう少しエアコンを弱くしてもらえませんか。

2. 金さん、今、ちょっといいですか。

3. ちょっとお願いがあるんですけど。

4. 悪いんですけど、ちょっと手伝ってもらえませんか。

5. これ、2部ずつコピーしてもらいたいんですけど。

6. よかったら、英語を教えてくれませんか。

7. ちょっとお聞きしたいことがあるんですが。

8. 悪いんですけど、これ、使ってもいいですか。

9. すみません、これ、どう使えばいいですか。

10. すみません、これの使い方を教えてくれませんか。

（三）目上の人に対する依頼

1. 課長、今、ちょっとよろしいでしょうか。

2. 課長、今、ちょっとお時間よろしいでしょうか

3. ちょっとお願いしたいことがあるんですが。

4. ちょっとお頼みしたいことがあるんですが。

5. 見積書をチェックしていただけないでしょうか。

6. 報告書に目を通していただけませんか。

7. 恐れ入りますが、電子辞書をお借りしたいんですが。

8. お手数ですが、書類に判子を押していただけますか。

9. 会議の時間を変更していただけるとありがたいんですが。

10. 実は、結婚式のスピーチをお願いしたいんですが。

（四）依頼を受ける

1. はい、分かりました。
2. はい、承知いたしました。
3. はい、かしこまりました。
4. はい、どうぞ。
5. はい、いいですよ。どうぞ。
6. ええ、OK ですよ
7. ええ、構いませんよ。
8. ええ、いいですよ。
9. もちろん、いいですよ。
10. ご遠慮なくお使いください。

（五）依頼を断る

1. すみませんが、今、手が離せないんですが。
2. 今、急ぎの仕事をしているんですけど。
3. 今、ちょっと都合が悪いんです。
4. 今日中には、できないと思いますよ。
5. 時間があれば、お引き受けするんですが。
6. なにもなければ喜んでお引き受けするんですが。
7. できることなら、ご協力したいんですが。
8. ちょっと難しいかもしれないですね。
9. ちょっと無理ですね。
10. それは、ちょっと…

練習一　部下への指示

（一）部下の作業を急がせる

1. 男性上司から部下へ

大塚課長　：金さん、これ、大至急お願いしたいんだが、…。

金美玲　　：コピーですね。はい、承知しました。

大塚課長　：十時までにできるかな。

金美玲　　：はい、2、30分でできると思います。

大塚課長　：じゃ、よろしく。

2. 女性上司から部下へ

渡辺課長　：金さん、忙しいところを申し訳ないんだけど。

金美玲　　：はい、何でしょうか。

渡辺課長　：このコピー、十時までにしてもらえない？

金美玲　　：はい、かしこまりました。

渡辺課長　：じゃ、お願い。

練習二　部下に仕事を頼む

1. 男性上司から部下へ

大塚課長　：金さん、実は君にやってもらいたい仕事があるんだが、…。

金美玲　　：はい、何でしょうか。

大塚課長　：今度の新商品の販売企画を君に任せたいと思っているんだ。どうかな。

金美玲　：はい、喜んでやらせていただきます。

大塚課長：じゃ、この件は君に任せるから、よろしく頼む。

2．女性上司から部下へ

渡辺課長：金さん、実はあなたにやってもらいたい仕事があるんだけど。

金美玲　：はい、何でしょうか。

渡辺課長：今度の新商品の販売企画をあなたに任せたいと思っているんだけど、どう？

金美玲　：そんな大役、私に務まるでしょうか。

渡辺課長：あなたを見込んで、私が頼むのよ。私もできるだけ協力するし、何があっても私が責任をとるから。

金美玲　：そこまでおっしゃっていただけるのなら、難しいとは思いますが、私なりに全力を尽くします。

渡辺課長：よろしく頼むわね。

練習三　同僚や後輩への依頼

1．先輩への依頼

金美玲：先輩、ちょっとお願いがあるんですが。

先輩：何？

金美玲：このコピー、私が課長から頼まれたんですが、すぐ取引先まで出かけなくちゃならない急な用事が入って、それで、申し訳ないんですが、代わりにこのコピーしていただくわけにはいかないでしょうか。

先輩：うん、いいよ。で、いつまで？

金美玲：部長からは10時までにとのことでした。

同僚：うん、分かった。できたら、課長に届ければいいんだね。

金美玲：はい、では、よろしくお願いします。

2. 同僚への依頼

金美玲：Aさん、ちょっと、お願いがあるんだけど。

同僚：うん、何？

金美玲：このコピー、私が課長から頼まれたんだけど、すぐ取引先まで出かけなくちゃならない急な用事が入ったんだ。それで、悪いんだけど、代わりにこのコピーしてもらえない？

同僚：うん、いいわよ。で、いつまで？

金美玲：部長からは10時までにと言われているんだ。

同僚：うん、分かった。できたら、課長に届ければいいのね。

金美玲：うん、じゃ、よろしく。

3. 後輩への依頼

金美玲：B君、悪いんだけど、ちょっと手を貸してもらえる？

後輩：先輩、何ですか。

金美玲：ちょっと、このコピーしてもらえないか。

後輩：急ぎですか。

金美玲：うん、大至急お願いしたいんだ。できたら、すぐ私のところに持ってきて。

後輩：分かりました。

金美玲：じゃ、よろしく。

4. 同僚への申し出

金美玲：大変そうだねえ。手伝おうか。

同僚：ありがとう。そうしてもらえると助かるわ。

金美玲：じゃ、僕が報告書をコピーしよう。君が綴じ込んでくれ。

同僚：うん、分かった。

金美玲：やっと、終わったね。ちょっと休憩してコーヒーでも飲もうか。

同僚：そうね。じゃ、私が入れてくる。

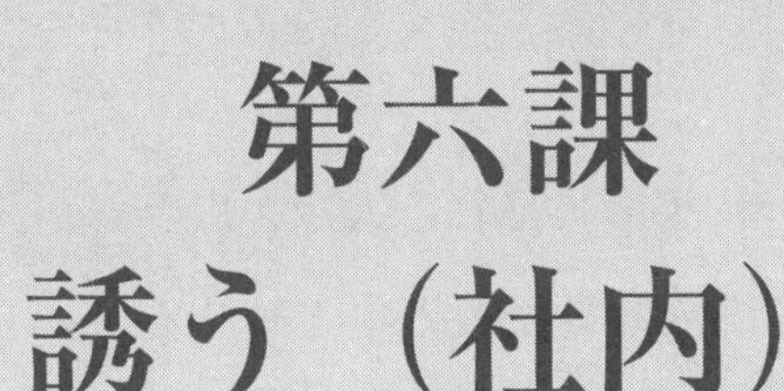

第六課 誘う（社内）

登場人物

金美玲さんがオフィスで先輩を誘いましたが、先輩はちょっと用事があるので、明日にしました。それから、ある日金美玲さんが上司の大塚課長を誘いましたが、大塚課長は会社の仕事があるから、行けませんでした。金曜日の仕事が終わって、金美玲さんと同僚たちは約束通りに飲みに行くことにした。行く前に大塚課長も誘った場面です。

基本常識

職場では、上司や同僚とのお酒の席や、社員同士の旅行など様々なお誘いがある。集団行動や人間関係が煩わしいと感じる人には、これらの行事に積極的に参加をするのは、ためらいがある。また、会社行事であっても強制でないことも多いため、つい断ってしまいがちになってしまう。しかし、付き合いを良くすることは、職場でも学校でも円滑な人間関係を築く上では必要なことである。自分が人を誘う立場だったらと考えてみてください。例えば、同僚や部下を飲み会の席に誘ったときに、毎回断られていたらどう感じる？「コイツ、自分の事嫌いなのかな？」と感じるのではないか。それは、相手も同じように感じるのである。「どうせ断られるだろうから」と、次第に誘いづらくなって誘われなくなる。すると、他の人と比べて、踏み込んだ会話などを交わす機会が減り、だんだんと、コミュニケーションが取りづらくなってしまう。だんだんと互いが苦手に名利、人間関係に悩んだりして、悪循環を招い

てしまうこともある。反対に、誘いに乗ってくれる人は、相手も心を開いてくれる傾向にある。自分の誘いに乗る＝自分が嫌いではないと感じるからである。自分が嫌いでないと分かれば、人は心を開く。また、お酒の席など職場とは違った会話を交わすことで、相手に対しての理解度が深まり、その後の人間関係もスムーズになる。職場でのお誘いには、できるだけ参加したほうがいい。

金美玲：先輩、今日、仕事が終わったら、一緒に中華料理を食べに行きませんか。

先輩：えーと、今日はちょっと約束がありまして…

金美玲：ああ、そうですか。

先輩：金さん、ごめんね、今日は大事なお見合いがあってね。

金美玲：残念ですね。今日は給料日ですから、私がごちそうしようと思いますが…

先輩：ええ、マジ、悔しいなあ。

金美玲：で、先輩、明日は？

先輩：明日は空いているんですが、いいの。

金美玲：じゃ、明日の夜にしましょう。

先輩：本当？じゃ、約束だよ、楽しみね。

金美玲：じゃ、明日の夜にね。

（翌日の退勤の時間になると）

先輩：金さん、もう時間ですよ、行こう。

金美玲：先輩、もうちょっとで終わるから、待ってくださいね。

先輩：いいよ。

同僚：金さんとどこかに行くの。

先輩：ああ、一緒に中華料理を食べに行くの。

金美玲：先輩、お待たせ、行きましょう。

同僚　：いいなあ、僕も行きたいなあ。

金美玲：先輩も中華料理が好きなら、一緒に行きませんか。

先輩　：それはいいですね。

同僚　：ええ、いいの、僕も。

金美玲：いいですよ。じゃ、三人で行きましょうよ。

金美玲　：あのう、課長、今晩お時間はございませんか。

大塚課長：ええ、何か。

金美玲　：ちょっと仕事についての話をしたいんですが、よろしかったら、お食事でもいかがでしょうか。

大塚課長：ええ、いいですが、ちょっと会議資料を準備しておかないと…

金美玲　：ああ、そうですか。急ぎの話ではないので、また今度にしましょう。

大塚課長：そうか。じゃ、今度ね。

金美玲　：では、お疲れ様でした。お先に失礼いたします。

大塚課長：ご苦労さん。

（金曜日の退勤の時間になると）

金美玲　：先輩たち、行きましょう。

同僚　　：ええ、明日は休みですから、いっぱい飲もうよ。

大塚課長：皆さん、どこかに飲みに行くの。

金美玲　：はい、そうです。課長、今晩みんなで飲みに行くんですけど、付き合っていただけませんか。

大塚課長：ええ、そうか、明日は土曜日ですから、じゃ、仕様がないな、一緒に行こうか。

金美玲　：いいですね。今晩、いっぱい飲みましょう。

（レストランに到着して）

同僚　：おしゃれで雰囲気のいいお店ですね。

大塚課長：皆さん、何を食べる？

金美玲　：私は何でもいいですが、あのう、課長、中国語のメニューはお分かりになりますか。

大塚課長：このお店のおすすめ料理は何ですか。

金美玲　：海鮮料理です。

大塚課長：何を頼んでいいのか分からないので、お任せするよ。

金美玲　：まず、何をお飲みになりますか。

大塚課長：お飲み物は何にしますか。最初はビールで乾杯しましょうか。

金美玲　：はい、まず、ビールにしましょうか。

大塚課長：ええ、そうして。

……

単語

約束 / 约会，约定

大事 / 重要，要紧

お見合い / 相亲

残念 / 遗憾

給料日 / 发薪日，发工资的日子

おごる / 请客，做东

マジ / （口语）真的吗？

悔しい / 遗憾

退勤 / 下班

仕様がない / 没办法

到着 / 到达

おしゃれ / 漂亮

雰囲気 / 气氛

メニュー / 菜单

おすすめ / 推荐

任せる / 委托，托付

関連表現

（一）同僚や親しい人を誘う

1. よかったら、カラオケでもどうですか。
2. 映画でも一緒にどうですか。
3. よろしかったら、今度、テニスでも一緒にどうですか。
4. 時間があったら、お酒でも飲みに行きませんか。
5. 近くに四川料理の店ができたんですけど、一度行ってみませんか。
6. ちょっと一杯、飲みに行きましょうよ。
7. 鈴木さんは、確か、映画好きでしたよね。
8. 映画の切符があるんですけど、一緒にどうかなと思って。
9. 今晩、何か予定がありますか。
10. 明日、お暇ですか。

（二）上司を誘う

1. よろしかったら、お食事でもどうでしょうか。
2. よろしかったら、お食事でもいかがですか。
3. 今晩お時間はございますか。
4. 今晩ご都合はいかがでしょうか。
5. 今晩みんなで飲みに行くんですけど、課長も付き合っていただけないでしょうか。
6. 今晩みんなで飲みに行くんですけど、課長も付き合っていただけませんか。
7. 今晩みんなで食事に行くんですけど、課長もご一緒にどうでしょうか。
8. 今晩みんなで食事に行くんですけど、課長もご一緒しませんか。
9. 課長、お暇でしたら、午後一緒しませんか。

10. お暇でしたら、週末、うちにいらっしゃいませんか。

（三）誘いを受ける場合

1. ええ、いいよ。
2. ええ、ぜひ。
3. ええ、そうしよう。
4. じゃ、付き合うよ
5. ええ、そうしてください。
6. では、よろしくお願いいたします。
7. 喜んで出席いたします。
8. ぜひ出席させていただきます。
9. もちろん、参加いたします。
10. ご一緒させていただきます。

（四）誘いを断る

1. せっかくですが、今日はちょっと…
2. 残念ですが、今日はちょっと、都合が悪いんです。
3. あいにく、その日は先約があるものですから。
4. せっかくですが、先約がありまして…
5. 行きたいんですが、今日はちょっと用事がありまして…
6. 行きたいんですが、今日は体調が悪いので。
7. あいにく用事がありますので、今回は遠慮させていただきます。
8. また、お願いいたします。
9. また、ぜひ誘ってください。
10. また次の機会にお願いします。

練習一　目上の人を誘う場合

目下の人：課長、ちょっとよろしいですか。

目上の人：はい、何ですか。

目下の人：今週の金曜日の夜に同僚のみんなで飲みに行くことになったんですが、よろしかったら、ご一緒にいかがでしょうか。

目上の人：ええと、金曜日ですか。いいですよ。

目下の人：それじゃ、時間と場所が決まりましたら、またご連絡します。

目上の人：ええ、そうしてください。

練習二　断る場合

目上の人：ええと、金曜日ですか。残念ですが、その日はほかに約束があるので、ちょっと無理ですね。せっかく誘ってもらったのにごめんなさい。

目下の人：いいえ。それじゃ、また次の機会に。

目上の人：ええ、また誘ってくださいね。

練習三　偶然で知り合いに会って誘う場合

金美玲：趙芳さんじゃありませんか。久しぶりですね。お元気でしたか。

趙芳：ああ、金美玲さん。お久しぶり。今はお仕事をしているんですか。

金美玲：ええ、3月から働いています。まだ仕事に慣れなくて大変です。

趙芳：そうですか。あ、よかったらその辺でお茶でもどうですか。

金美玲（きんびれい）：すみません。今日（きょう）はちょっと。これから人（ひと）に会（あ）わなければならないものですから。

趙芳（ちょうほう）：それじゃ、しょうがないですね。これ私（わたし）の名刺（めいし）です。電話番号（でんわばんごう）が書（か）いてありますから、よかったらまた連絡（れんらく）ください。

金美玲（きんびれい）：あ、どうも。それじゃ、失礼（しつれい）します。

（四）友達（ともだち）を誘（さそ）う場合（ばあい）

金美玲（きんびれい）：もしもし、大崎（おおさき）さんですか。金（きん）です。

大崎（おおさき）：あ、金（きん）さん。こんにちは。

金美玲（きんびれい）：あのう、午後映画（ごごえいが）を見（み）に行（い）こうと思（おも）っているんだけど、一緒（いっしょ）に行（い）かない？

大崎（おおさき）：何（なん）の映画（えいが）？

金美玲（きんびれい）：ほら、今話題（いまわだい）になっている佐藤信介監督（さとうしんすけかんとく）の映画（えいが）だ。「ホッタラケの島（しま）」で知（し）っているでしょう。もう見（み）ちゃった？

大崎（おおさき）：ううん、まだ。あの映画（えいが）、面白（おもしろ）そうだよね。僕（ぼく）も見（み）たいと思（おも）っていたんだ。

金美玲（きんびれい）：よかった。じゃ、これからそっちに行（い）くから。

大崎（おおさき）：分（わ）かった。それじゃ、あとでね。

（五）親（した）しい関係（かんけい）の場合（ばあい）

金美玲（きんびれい）：行（い）こうよ。ねえ、いいだろう。

大崎（おおさき）：いやよ。

金美玲（きんびれい）：どうして？

大崎（おおさき）：だって、あそこつまらないんだもん。

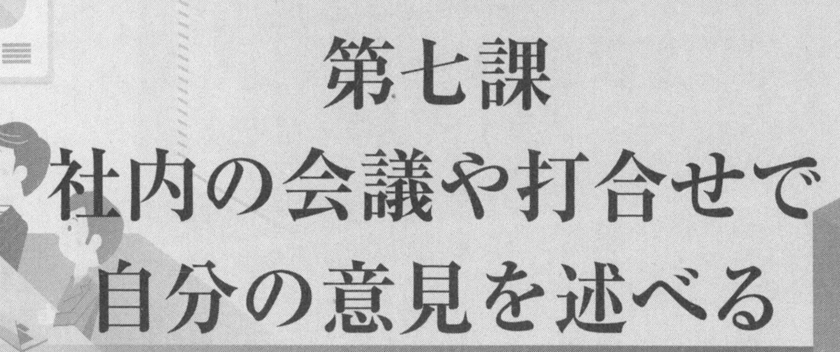

第七課 社内の会議や打合せで自分の意見を述べる

登場人物

今日は今月の最後の日ですから、午前10時、日本桜商事の営業部の大塚課長が部下に今月の売上について会議をし、午後3時、新商品のプレゼンテーションをした場面です。

基本常識

一、会議の種類と効果

（一）会議の必要性、重要性

ビジネスの現場に問わず、何かにつけて会議が催される。会議とは、会社全体の目標をスムーズに施行するためのものである。会社には大中小さまざまな会議があるが、仕事前や仕事後の朝、夕のミーティングから定例会議、臨時会議など、特に営業では会議が頻繁に行われる。企業では各部署、各社員ごとに仕事を分担させ、皆の分業で組織が動いているから、絶えず足並みが乱れないよう意思の疎通を図ることが欠かせないためには、ときどき集まって自分たちのやってきたことやこれから進む方向などを話し合い、確認し合うことが必要だ。

（二）会議の効果

1．会議をすることにより、周知をあつめることが出来る

これは、一人で考えるより複数の人間が集まって知恵・知識を出し合ったほうが問題解決がスムーズに進む。

2. 会議をすることで、全体の意思統一を図る

経営戦略・経営方針を発表したり、各部門間での方針や意見を交換することにより、各目標ならびに全体目標への意思統一を図れる。

3. 会議を催すことで、参画意識が向上する

会議に参加することで、直接自分の耳で聞いたり、意見交換をすることにより、その会議での決定事案に対して、積極的な行動に移れる意識が高まる。

4. 会議に参加することで、相互啓発ができる

共通項目での意見交換は良いアイディヤも生まれ、またそれにより、お互いに啓蒙し合える。

（三）会議のスタイル

1. ブレーンストーミング

これは、相手に限らず、一切批判せず、肯定を前提とした約束で行う会議のスタイルで、それぞれの参加者には自由奔放に意見・アイディアを出してもらうスタイルである。企画会議、開発会議などアイディアを数多く収集したいときによく用いられる。

2. フォーラム

一つのテーマについて、代表者が発表・講演し、講演終了後に、参加者全員で質疑応答ならびに意見交換を行う会議スタイル。

3. バズセッション

参加者を7～8名に分担し、各一定時間そのグループで話し合いし、その後の結果を各グループの代表が発表する会議スタイル、問題解決や目標設定などを話し合うのに適したスタイル。

4. フリートーキング

文字通り、自由に話し合い、席次など気にせずに自由な意見交換を行うスタイルだが、大人数ではそれこそバラバラな意見で終始する可能性があるので、せいぜい、5～10人程度が限界。

（四）自分の意見を述べるには

ビジネス会議とは上司から、部下までが一同に会した中で、自分の実力を示す絶好のチャンスの場となるが、発言のための発言であっては、自分をアピールする効果は薄い。それで、自分の意見を述べるには、まず、「話し合いの方向づけをする」ということ。適切なタイミングでまとめたり、方向づけを行う。例えば、「要するにお二人の意見を要約すれば、こうですね」とか「では、こんな感じで行った方がよりベターな答えが出るような気がします」と言った具合に発言する。決して自分で会議を引っ張る風ではなく、あくまでも会議全体の意見や方向性を鑑みて、「まとめ役」に徹する。

そして、次に重要なことは、「他の出席者にはない優れたアイディアを提出」すること。

最後は、やはり「好印象、信頼感を与える」というきわめて単純明快な態度で振舞うこと。常に会議が始まる前に、方向付け、アイディア、好印象、この3点に注意すること。

二、会議運営の基本

（一）事前準備

1. 遅くとも会議の前日までに、改めて日時を連絡担当者が出席者全員に通知する。

2. 会議は、参加者の全員出席と予定通りの実施が大原則である。従って出席者は、その週 / 月に予定されている会議スケジュールに合わせ、仕事の計画を組み、段取りをする（仕事が終わっていないから）等の理由で、会議の日時を変更したり、取りやめにしたり、欠席したりするのは、組織人としては論外である。

3. 事前に知らされているテーマや協議事項については、参加者各自が必ず事前に自分の案を準備しておくこと。これが、スムーズな会議進行のカギとなる。

4. 必要資料と前回会議の議事録を担当者は忘れずに準備しておく。

（二）会議当日

1. 会議開始時刻の最低 5 分前には、全員が集合する（遅刻をしない）。

2. 開始と終了時刻を明示し、これに従った運営をする。

3. 議長（責任者）は必要があれば、タイムスケジュールを事前に作っておく。

4. 当日の議題に入る前に、議長は前回会議の決定事項（申し合わせ事項）に対する実行度合いを議事録に従って確認する。

5. 発言にあたっては、まず結論から先に、述べ理由をその後、簡潔に述べる。

6. 会議の途中で、その日のテーマに直接関係ない話を持ち出し、横道にそらさない。緊急に取り上げてもらいたいテーマがあれば、事前に議長に申し出ておく。

7. 人が発言している時に雑談をしない。

8. 必ず、次回会議の日時とテーマを決定し、必要があれば、資料等の準備担当者を決定する。会議の終わりに、議長はその日の決定事項（申し合わせ事項）を全員の前確認する。

9. 会議にあたっては、必ず書記を設け、内容を記録する。書記は決められた期日までに議事録を作成し、責任者に提出する。議長は参加者全員から意見を引き出す（傍観者を作らない）。

10. 会議の途中で退席をしない。

三、日本会社にある部門名称

所属（しょぞく）/ 所属，附属	人事部（じんじぶ）/ 人事部
営業部（えいぎょうぶ）/ 营业部	広報部（こうほうぶ）/ 宣传部
管理部（かんりぶ）/ 管理部	総務部（そうむぶ）/ 总务部
開発部（かいはつぶ）/ 开发部	企画部（きかくぶ）/ 企画部
販売部（はんばいぶ）/ 销售部	購買部（こうばいぶ）/ 采购部
資材部（しざいぶ）/ 材料部	経理部（けいりぶ）/ 会计部
財務部（ざいむぶ）/ 财务部	法務部（ほうむぶ）/ 法律事务部
マーケティング / 市场（部）	コールセンター / 客户服务中心
事業部（じぎょうぶ）/ 事业部	運用（うんよう）サポート / 技术支持部

四、日本会社の職務名称

役職（やくしょく）/ 职位，职务	代表取締役（だいひょうとりしまりやく）/ 董事长
取締役（とりしまりやく）/ 董事	会長（かいちょう）/ 会长
社長（しゃちょう）/ 总经理，社长	副社長（ふくしゃちょう）/ 副总经理，副社长
頭取（とうどり）/ 银行行长	専務取締役（せんむとりしまりやく）/ 专务董事

常務取締役（じょうむとりしまりやく）/ 常务董事	監査役（かんさやく）/ 监查员
マネージャー（manager）/ 经理，干事	常任顧問（じょうにんこもん）/ 常任顾问
執行役員（しっこうやくいん）/ 执行董事	本部長（ほんぶちょう）/ 本部长
事業部長（じぎょうぶちょう）/ 事业部长	室長（しつちょう）/ 室长
部長（ぶちょう）/ 部长	副部長（ふくぶちょう）/ 副部长
次長（じちょう）/ 次长	主査（しゅさ）/ 调查主任
課長（かちょう）/ 科长	参事（さんじ）/ 参事
補佐（ほさ）/ 助理	係長（かかりちょう）/ 股长
代理（だいり）/ 代理	主任（しゅにん）/ 主任
チーフ（chief）/ 主任	

金美玲　：課長、おはようございます。

大塚課長：おはよう。

秘書　　：課長、おはようございます。金さん、おはよう。

金美玲　：おはようございます。

大塚課長：さあ、もうそろそろ時間ですね。ちょっと朝礼しましょうか。みなさん、おはようございます。今日は今月の最後の日ですから、いつも通り、朝の10時、会議室で会議をしましょう。それから、午後の3時にうちの新商品のプレゼンテーションがある。では、今日も一日頑張ってください。

一同　　：はい、頑張ります。

（朝10時会議室で）

大塚課長：じゃ、始めましょうか。今日は月末ですから、ちょっとそれぞれの今月

の売上について発表します。まず、皆のお陰で全体的から見ると、今月の売上は先月よりずっといいんですが、それは主に新人金美玲さんがよくやったお陰だ。それでは、今月の業績は金さんが一番だった。二番は田中君、最後は森君だ。田中君。

田中　：はい。

大塚課長：田中君、今月はよくやった。来月も頑張りましょう。

田中　：はい、頑張ります。

大塚課長：森君。

森　：はい。

大塚課長：森君、最近、どうしたの？先月も今月も業績不良ですよ。

森　：申し訳ございません。実は実家のことで、いろいろあったんですが、来月、頑張ります。

大塚課長：じゃ、森君来月頑張ってくださいね。最後なんですが、金さんは今月の業績が良かった。本当に頑張ったね。金さん、今回のわかめがよく売れた理由は何でしょうか。

金美玲　：ええと、まず、日本人はわかめが好きで、それから、うちのわかめは品質が良くて、値段も安いから。また、一番大事なのはわかめの味が日本人の口によく合うからだと思います。

大塚課長：そうか。金さん、わかめの売れ行きはどう？

金美玲　：今までは好調だったんです。

大塚課長：よかったですね。金さん、これからも頑張ってね。

金美玲　：はい、頑張ります。

（午後3時会議室で）

大塚課長：うちの新商品のプレゼンの準備はできてるね。

秘書：はい、できました。課長、サンプルも持って来ましょうか。

大塚課長：ええ、お願い。皆さん、今回、うちの新商品は子供の洋服なんですが。いまから、この新商品について、それぞれの意見を言ってみてください。田中君、どう思う？

田中：子供の洋服ですから、一番大事なことは生地が100%の綿にすることですね。

大塚課長：そうね。それから、森君は？

森：子供の洋服はデザインが一番大事でしょう。例えば、子供の洋服になんかアニメを付けたら、子供が見た瞬間好きになるでしょう。そして、色はやはり明るい色を使ったほうがいいと思います。

大塚課長：ええ、その通りですね。金さんは？

金美玲：言うまでもなく品質とデザインは重要ですが、ネーミングと定価もとても大切です。まず、ネーミングですが、子供が理解しやすくて呼びやすいものがいいと考えます。しかも、子供に親近感を感じさせるものが理想的です。それから、定価については、少し高いほうがいいと考えます。洋服のイメージがぐっとよくなって、親も安心して買えると思います。

大塚課長：金さん、よく考えましたね。皆さん、よく頑張った。じゃ、今日の会議はこれで終わります。ご苦労さん。

一同：お疲れ様でした。

単語

プレゼンテーション / 策划方案说明（会）
月末（げつまつ）/ 月末
売上（うりあげ）/ 销售额，营业额
発表（はっぴょう）/ 宣布，揭晓
業績（ぎょうせき）/ 成绩，业绩
実家（じっか）/ 父母家，老家
口に合う（くちにあう）/ 合口味
売れ行き（うれゆき）/ 销路，销售（情况）
好調（こうちょう）/ 顺利，情况良好
新商品（しんしょうひん）/ 新商品，新产品
サンプル / 样品
生地（きじ）/ 质地，布料
綿（めん）/ 棉，棉线
アニメ / 动漫，动画片
品質（ひんしつ）/ 质量
デザイン / 图案，设计
ネーミング / 命名，取名
親近感（しんきんかん）/ 亲切感
定価（ていか）/ 定价
イメージ / 形象，印象
ぐっと /（副）更加，用力

関連表現

1. 意見（いけん）の述（の）べ方（かた）

（1）疑問提示（ぎもんていじ）

部長（ぶちょう）：この商品（しょうひん）は採算（さいさん）がとれそうもないし、今期限り（こんきかぎり）で製造（せいぞう）を中止（ちゅうし）したらどうかと思（おも）うんだが、どうだろうか。

課長（かちょう）：ええ、でも、それはちょっと…。

金美玲（きんびれい）：部長（ぶちょう）、私（わたし）もそれはどうかと思（おも）います。売れ行き（うれゆき）も少（すこ）しずつ伸（の）び始（はじ）めているところですから、もう少（すこ）し様子（ようす）を見（み）たらいかがでしょうか。

（2）対案提示（たいあんていじ）

部長（ぶちょう）：今回（こんかい）の企画（きかく）の責任者（せきにんしゃ）には若手（わかて）を起用（きよう）しようと思（おも）うんだが、金（きん）さんはどうだろう？

課長：お言葉を返すようですが、金さんにはまだ荷物が重いかと思います。

部長：じゃ、誰が適任だと言うんだい？

課長：ここはベテランの女性社員のお願いしたらいかがでしょうか。

（3）慎重

部長　：…ということで、○○社との取引に関しては、この際、中止したいと思っている。

金美玲：部長、失礼とは存じますが、敢えて直言させていただきます。

部長　：うん、どうぞ。

金美玲：部長のご意見もわかりますが、しかし、○○社は今後、わが社にとっても重要なパートナーになる可能性を秘めております。その将来性を考えた場合、私はこの問題については、もう少し慎重に検討したほうがいいのではないかと思います。

（4）直言

金美玲：部長、○○社との取引に関して、もう一度考え直していただくわけにはいかないでしょうか。

部長　：金さんの意見は会議でも聞いたが、役員会の決定なので、僕一人の判断で変えるわけにはいかないんだよ。

金美玲：その点は十分承知しておりますが、しかし、拙速な判断は禁物かと存じます。

部長　：もはや、会社の決定となっている。今更、変更は無理だよ。

金美玲：お言葉を返すようですが、どうしても今回の会社の決定には納得がいきません。

部長　：そんな無茶なことを言うもんじゃないよ。まかりまちがったら、金さんばかりか、僕の首が飛ぶよ。

2. 会議での反対意見の述べ方

（1）営業会議で

司会　：ただ今の部長のご意見について、どなたかご意見はございませんか。

課長1：私は部長のご意見に異存はございません。

司会　：他のご意見の方はございませんか。

課長2：部長のご意見に対しては私も基本的に賛成です。しかし、二、三検討したほうがいいと思う点がございます。

（2）課内での話し合いで

課長　：この企画案でいくかどうか、そろそろ結論を出さなければならないが、どうしようか。

金美玲：このままでは議論は平行線ですし、多数決を取りませんか。

同僚1：金さんの意見に反対というわけではありませんが、私はまだ議論が不十分だと思います。

同僚2：私も多数決はどうかと思います。課としてのコンセンサスが不十分なところで多数決をとっても、後がうまくいかなくなる恐れがあります。

課長　：それもそうだな。じあ、もう一日、この件で話し合おうじゃないか。この案に不十分なところがあれば、明日までに対案を考えてきてほしい。みんな、それでいいか。

全員　：結構です。

（3）その他の言い方

・ええ、でも、それはちょっと

・そうかもしれませんが、でも…

・確かにそういう見方もありますが、しかし～

・そう言えないこともないですが、しかし～

・おっしゃることはわかりますが、しかし～

・△△さんのご意見にも同感できる点は多いのですが、しかし～

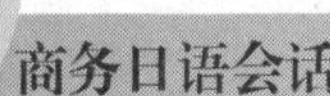

職業訓練コラム

ビジネススピーチ

ビジネスマンが会社での定例会議の場合、各個人事にテーマを与え、質問事項に答えるような会議進行形態を考える必要がある。

1. 定例会議の開始挨拶

ただ今より、3月度のマネージャーの定例会議を開催したいと思います。期末時の忙しい中を、お集まりいただいてありがとうございます。

先日お配りいたしました新商品に対するご意見と、今各セクションでの販促に対する反応を含め、皆様に忌憚のないご意見を頂戴したいと思います。

事実、この新商品は、当社のライバルである○○商事の稼ぎ頭となっており、すぐに直販につながることは難しいと言われていますが、市場性と利益性を考えれば、ぜひ当社も参入したいとの考えが、部長、次長からあり、まず、各マネージャーレベルで、市場調査を行ってほしい旨の報告があり、この場で忌憚のないご意見を頂戴したいと思います。

いずれにせよ、現場の最前線にたたれている皆さんのご意見を元に、検討を進めていきたいと思いますので、今月も熱のこもった議論を期待します。では、いつもの順序で、議事録に合わせた発表をお願いいたします。

2. 営業会議開始会議の挨拶

さて、皆さんがおそろいのようですし。予定時間には少し早いとも思いますが、ただ今より、株式会社○○商事の○○年度○月の営業戦略会議を開催したいと思います。

事前にお配りしたパンフレットと前面にあるホワイトボードにもありますように、今回の会議テーマは二点です。

まず、第一議題は、昨年末に〇〇自動車が開発し、当社が販売の正規代理店を獲得し、全国販売に踏み切ったが、業績不振です。今後の解決策をこの場で模索したいと思います。

そして、第二の議題は、来年に向けた新製品開発プロジェクトの発足です。

本日の議題は二つですが、かなり当社においては重要な問題ですので、今から三時間おつき合いをお願いします。

3. 会議の進行における発言の促し

ただ今〇〇課長から、問題提起がありました。個人向け金融商品の販促活動について、皆さんのご意見をお伺いしたいと思います。ご意見のある方は挙手をお願いしますし、この場での発言は自由です。有意義と思われる意見は記録しますが、その他の意見は議事録には載せませんので、安心してください。……挙手される方がいらっしゃらないようですから、まずは、〇〇係長からご意見をお聞かせ願いたいと思います。

4. 会議の進行中（話を元に戻す場合）

〇〇さん、大変有意義な検討案を頂き、ありがとうございます。ただ今のご意見については、難しい部分もあるでしょうし、役員も含めた検討材料になりますので、今後の参考にする懸案事項として、上に上申したいと考えますし、本日の会議時間の関係もありますので、本日の議題である仕入れ先の見直しについてのご意見をお伺いしたいと思います。

〇〇さんのご意見はいかがでしょう……

5. 会議の進行中（長い発言を押さえる）

〇〇係長、御発言中、大変恐縮します。大変興味あるご意見ですが、またの機会と言うことにしていただけませんでしょうか。本日においては、全員のご意見を頂戴する予定でおりますので、一人一人の持ち時間があまりございません。結論とし

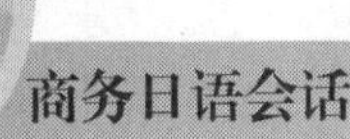

ては、この案件にご賛成と認識してよろしいでしょうか……

6. 会議の進行（結論とりまとめ）

いろいろなご意見を頂き、大変ありがとうございました。そろそろ意見も出尽くしたようですので、とりまとめをしたいと思います。

ほかに、付け加えるようなことがあれば、おっしゃってもかまいません。

では、今回のテーマである仕入れ先変更の案件は、総務の○○課長のご提案を承認する形で異議はございませんか、賛成の方は挙手にてお願いします。

挙手多数と認め、可決することとします。

7. 定例会議の閉会挨拶

会議終了予定時間も近づきましたので、そろそろ終了したいと思います。

本日は、いつに増しても活発な議論を頂きまして、ありがとうございました。営業部のみならず、製造部などの多方面からのご意見を頂きますと、管理部だけでは、思いもつかない貴重な提案も数多くあり、たいへん参考になりました。早速の手配と対策を考えたいと思います。

各セクションのマネージャーには、本日の議事録をメールしますので、各支社とも早急な対策と、はたまた有意義な意見がありましたら、会議の議題と考えます。

よろしくお願いします。

次回の定例会議は、○年○月○日の午後3時となっておりますので、注意してください。通常1時からですが、○月○日は、特別役員会議の開催があり、時間が遅れることを了承願います。

では、各セクションのマネージャーさん、本日はお疲れ様でした。

第八課
受付での来客応対

登場人物

午前、日本百貨店営業部の谷口課長は予約なし日本桜商事の営業部に来た場面です。午後、日本百貨店営業部の大崎さんは予約ある日本桜商事の営業部に来た場面です。

基本常識

一、来客応対の基本的なマナー

会社の印象は受付の対応で大きく左右される。会社を背負ったつもりで、いかに相手の立場を理解して対応するかがポイントである。また、自分の担当ではなくても、社内でお客様と出会った場合は、気持ちよく挨拶する。なお、お客様が来たときは担当者に取り次ぐことよりもご案内することが先決。

（一）お客様が見えたら、まず椅子から立って、笑顔で明るく大きな声で「いらっしゃいませ」と挨拶する。

（二）お客様に「どちらにお取り次ぎいたしましょうか？」と声をかける。

1. 相手の会社名・名前を確認する

●●●（会社名）の○○様でいらっしゃいますね？

2. 名乗らない場合

まず、聞く：

失礼ですが、お名前をお伺いできますでしょうか？

恐れ入りますが、お名前頂戴できますでしょうか。

分かったら、複唱する：

○○様でいらっしゃいますね。お待ちしておりました。

3. 名刺を渡された際は、お預かりします。と言って両手で受け取る。

4. アポイントを確認する

まず、聞く：

お約束いただいておりますでしょうか？

ない場合：

失礼ですが、どの様なご用件でいらっしゃいますか？

ある場合：

●●●（会社名）の○○様ですね？お待ちしておりました。ただいま、△△（上司であっても呼び捨て）を呼んでまいりますので、少々お待ちください。

5. 担当者に電話をして指示を仰ぐ

●●●（会社名）の○○様が受付でお待ちです。いかがいたしましょう？

6. 指示に従って対応する

△△は間もなくまいりますので、応接室にご案内いたします。

（三）お客様をご案内

お客様を応接室や会議室にご案内する時は、廊下をお客様を中央に歩いていただき、自分はお客様の 2、3 歩前をお客様を気遣いながら歩く。

(四) 応接室にご案内

ビジネスの話し合いや取引などでは応接室（応接間）での話し合いが多い。応接室にも当然上座と下座がある。応接室における席次についてのビジネスマナーは原則として出入り口から最も遠い席が最も上座となり、出入り口から最も近い位置が下座となる。基本的にはこれが大原則なのだが、いくつか例外がある。

1. 長ソファーと一人掛けソファー

原則として長ソファーの方が一人がけのソファーよりも格上げとなる。出入り口から遠い位置に一人がけのソファーがあり、出入り口から近い位置に長ソファーがある場合の上座は、長ソファーの方が上座となる。

2. 置物・掛け軸・景色の良い窓

見事な置物や掛け軸、景観の良い窓がある応接室の場合、それらが良く見える席の方が上座となる。なお、これらの例外は、相手の勧め＞例外＞原則の順に優先される。取引先に応接室に案内された際、上座に座るのを指示された（勧められた）場合は、相手の勧めに素直に従う。勧めが無い場合は、例外＞原則の順で下座を選ぶ。

席次の考え方

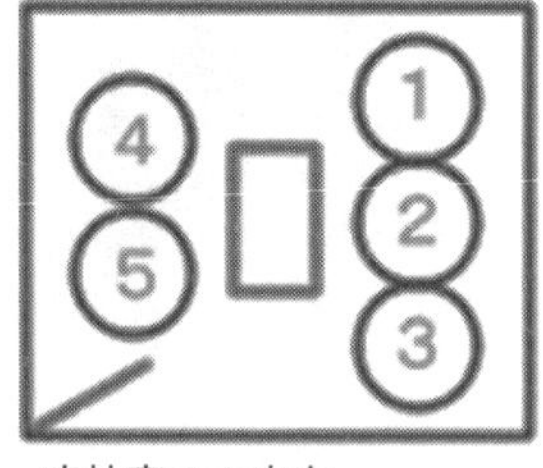

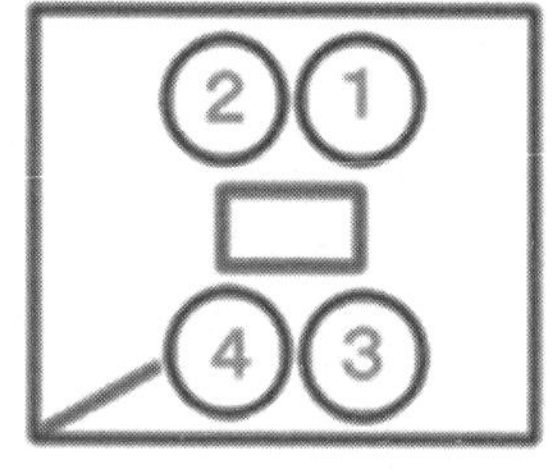

応接室での席次
①入り口から遠い　②三人掛けなど長いす
③額や花瓶など、飾りが見やすい　④正面に向かって右

(五) 応接室で

1. 応接室の前で立ち止まり、「こちらです」と指し示す。

2. ドアが外開きの場合は、ノックをしてから、ドアを大きく開き、「どうぞお入りください」とお客様に先に入室していただく。内開きの場合には、「お先に失礼いたします」と先に中に入り、ドアを押さえて、「どうぞお入りください」と招き入れる。

3. お客様が入室されたら、ドアのほうを向いて静かに閉める。

4. 応接室に入ったら、「どうぞこちらへお掛けください」或いは「どうぞ奥の席にお掛けになってお待ち下さい」と、お客様を上座へ案内する。複数のお客様のときは、役職が上の人から順に上席に座ってもらい、下座に座ってしまったら「あちらへどうぞ」と上席をすすめる。ただし、お客様が遠慮して断った場合は、無理強いしないように。

5. お客様が着席したら、「少々お待ちください」と断ってから退室する。その際、半身でドアを開け、背中を見せないように退室する。

（六）来客のお見送り手順

用件が終わってお客様が帰るときは、きちんとお見送りをする。

1. 訪問に対するお礼

本日はお忙しい中、お越しいただきありがとうございました。（お客様が立ち上がったら自分も席を立つ）

2. お客様より先にドアを開け、ドアを押さえてお通しする。

3. お客様の左斜め前方を歩いて、エレベーターまで先導し、エレベーターのボタンを押し、お客様が乗り込むのを待つ。

4. エレベーターに乗ったお客様がこちらを向いたのを確認したら挨拶をする。

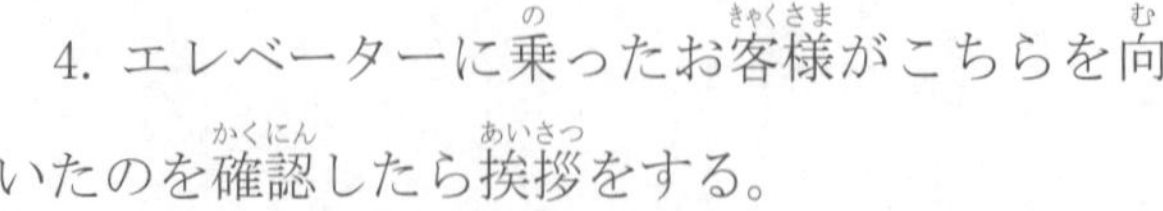

本日はご足労いただきまして、誠にありがとうございました。

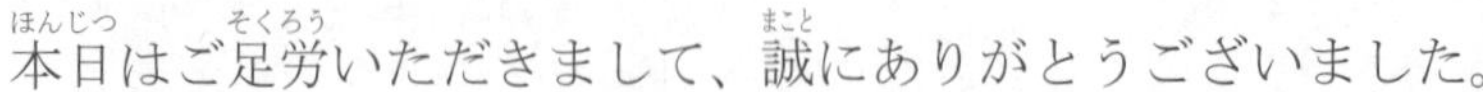

5. お辞儀をして、

お気をつけてお帰りください。

その際、相手が見えなくなるまで見送る。エレベーターだったら、ドアが完全に閉まるまで。徒歩や車だったら、人が見えなくなるまでお辞儀をする。

二、お茶の出し方

（一）おいしいお茶は何度くらい？

お茶の種類によって違うが、煎茶は 70 度～ 80 度、玉露は 50 度～ 60 度。人数分のお茶碗に少しずつ、まんべんなく注ぎ、濃さが同じになるように入れる。お茶碗の 7 分目くらいの量がおいしく感じる。

（二）運ぶ時、茶碗と茶托は別々に

（三）お盆は両手で胸の高さ

（四）順番に出す

お客様の役職の高い人から順に出す。（自社の社長がいても、お客様が先。）お客様に出し終えたら、自社の役職の高い人から順に出す。上座から順に出していけば間違いない。

（五）応接室の構造上、お客様の正面からしかお茶を出すことが出来ない場合

「前から失礼します」と声をかける。

（六）コーヒーのセットの仕方

コーヒーはカップの取っ手が相手から見て左側に置くのがヨーロッパ式、カップの取っ手が相手から見て右側に置くのがアメリカ式で、どちらでも、スプーンの柄が右側になるようにセットする。

受付　：いらっしゃいませ。

谷口課長：お忙しいところを恐れ入ります。私は日本百貨店営業部の谷口と申しますが、営業部の大塚課長はいらっしゃいますか。

受付　：失礼ですが、ご予約はございますか。

谷口課長：いいえ、お約束はないのですが、もしご在社でしたら、お取次ぎいただきたいんですが。

受付　：どのようなご用件でしょうか。

谷口課長：あのう、先日ご相談した件で、実は急にお目にかからなければならない要件が出来ましたので、至急ご連絡したいことがございまして。

受付　：かしこまりました。営業部の課長大塚ですね、少々お待ちください。今すぐ連絡を取りますので、こちらにおかけになってお待ちください。

谷口課長：はい、よろしくお願いいたします。

（大塚課長に電話する）

受付　：こちらは受付です。日本百貨店営業部の谷口様とおっしゃる方がお見えになりましたが、いかがいたしましょうか。

大塚課長：応接間にお通しください。

受付　：大塚はすぐ参りますので、こちらへどうぞ。（応接間へご案内する）

谷口課長：どうもありがとうございます。

受付　：（応接室のドアを開けて）大塚はただ今まいりますので、どうぞこちらにおかけになってお待ちください。

谷口課長：はい、ありがとうございます。

係の者　：（お茶を持って来た）あのう、粗茶ですが、どうぞ。

谷口課長：どうぞ、おかまいなく。

大塚課長：お待たせしてどうも申し訳ありませんでした。営業部の大塚です。

谷口課長：日本百貨店営業部の谷口と申します。いつもお世話になっております。どうもお忙しいところを突然お邪魔いたしまして、申し訳ありませんでした。

大塚課長：どんなご用件でしょうか。

谷口課長：あのう、先日の件なんですが、もうちょっと時間をいただけませんか。

大塚課長：はい、もちろん結構です。

受付　　：いらっしゃいませ。

大崎　　：あの、私は日本百貨店営業部の大崎と申します。営業部の大塚課長にお会いしたいんですが。

受付　　：失礼ですが、ご予約はございますか。

大崎　　：はい、10時にお会いする約束になっています。

受付　　：少々お待ちください。（営業部に電話する）ただいま日本百貨店営業部の大崎様がいらっしゃいました。大塚課長にお会いしたいとのことです。

秘書　　：はい、分かりました。

受付　　：お待たせいたしました、営業部は3階です。エレベーターで3階までおいでください。営業部のものが3階のエレベーターの出口にてお待ちしております。

秘書　　：日本百貨店営業部の大崎様でいらっしゃいますか。

大崎　　：はい。

秘書　　：お待ちしておりました、秘書の山崎でございます。ご案内いたします、こちらへどうぞ。

大塚課長：大崎さん、お久しぶりですね。お元気ですか。

大崎　　：はい、お久しぶりです。お陰様で元気です。大塚課長、これ、資料でご

ざいます。

大塚課長：はい、ありがとう、ご苦労さん。

大崎　　：では、失礼いたします。

単語

取り次ぎ / 传达，转达

用件 / 事，事情

先日 / 上次，前几天

至急 / 火急，火速，赶快

応接間 / 客厅，会客厅，接待室

ドア / 门

粗茶 / 粗茶

突然 / 突然

邪魔 / 搅扰，打扰

関連表現

（一）予約のあるお客さんへの接待

1. いらっしゃいませ、ご用件は？
2. いらっしゃいませ、何か……。
3. 失礼ですが、ご予約はございますか。
4. 田中はすぐ参ります。
5. どうぞおかけください。
6. 日本百貨店営業部の方ですが、大塚課長にはあらかじめご連絡頂きましたか。
7. はい、すぐ課長を呼び出しますので、少々お待ちください。
8. ただいまお取り次ぎしますので、おかけになってお待ちください。
9. 課長、日本百貨店営業部の大崎様がお見えになりました。
10. 日本商事の渡辺様がお見えになりましたので、応接室にご案内いたしました。

（二）アポイントのないお客さんの接待

1. アポイントのない来客からの面会の申し出を断るときによく使われる表現

（1）（婉曲な断りの表現）

後日、日を改めてお越しいただくわけにはいかないでしょうか。

（2）（忙しいことを理由に「会いたくない」ということを婉曲に伝えている）

誠に申し訳ございませんが、ただ今、社内が取り込んでおりまして。

（3）（アポイントのない面会は受け付けないと規則を理由に断る）

誠に申し訳ございませんが、当社ではお約束のない方のお取り次ぎはできないことになっております。

（4）せっかくおいでくださったのに、申し訳ございません。

2. いらっしゃいませ、どちら様でしょうか。

3. ○○社の△△様でございますね。お待ち申し上げておりました。

4. お忙しいところを恐れ入ります。

5. どのようなご用件でしょうか。

6. お取り次ぎいたしますので、少々お待ちいただけますか。

7. どうぞ、こちらでお待ちください。

8. 担当者が不在か何かの用事で接客に出られないときの応対

（1）事情を述べて、「いかがいたしましょうか」とお客の判断を待つ言い方で、一番丁寧な応対

・あいにく△△は外出しておりますが、いかがいたしましょうか。

・あいにく△△は会議中でございますが、いかがいたしましょうか。

・あいにく△△は席を外しておりますが、いかがいたしましょうか。

・あいにく△△は先客がございまして、今少々時間がかかりますが。

（2）本人の代わりに伝言を受けたり、代理の者を呼ぶときの言い方

・もし伝言でよろしければ、おうかがいしますが。

・私で分かることであれば、承りますが。

・代わりの者でよろしければ、同じ課の別の者をお呼びいたしますが。

(3) アポイントのない来客には担当者への連絡に名刺が必要だから、忘れず名刺をもらっておくときの言い方

・お名刺をちょうだいできますか。

・お名刺をいただけますでしょうか。

(三) 来客を待たせる表現

1. 来客に椅子などを勧めながら言う言い方

・どうぞ、こちらでお待ちください。

2. 受付から見える待合室で待ってもらうときの言い方

・どうぞ、あちらにおかけになってお待ちください。

・申し訳ございませんが、あちらで少々お待ちいただけますか。

3. 重要な来客に応接室に案内して待ってもらうときの言い方

・それでは（応接室 / 社長室…）にご案内いたします。

4. △△はただ今まいりますので、少々お待ちください。

5. 係の者がすぐまいりますので、こちらで少々お待ちくださいませ。

6. 係の女子社員がお茶などを持って来るときの言い方

・粗茶ですが、どうぞ。

受付での応対

練習一　面会を申し込む来客への対応

1. アポイントがある場合

まず、担当者に声をかけ、その際も「少々お待ちください」と断った上で名指し人に対して、誰が来たのかを伝える。その上で、その人に任せる。場合によって担当者が応接間にお通ししてなどと言う場合もあるので、その場合は自分が応接室に通す。

受付：いらっしゃいませ。どちら様でしょうか。

来客：○○社の金と申します。営業一課の高橋さんと3時にお約束しているのですが。

受付：○○社の金様でございますね。お待ち申し上げておりました。

2. アポイント無しでの来社

受付の応対で会社のイメージが決まるから、アポイントのないお客に対しても、まず、「いらっしゃいませ」と愛想良く歓迎し、続いて名前、用件の順に尋ねる。

まず、担当者に直接声をかけるのではなく、どういった用件なのかを尋ね、その上で「少々お待ちください」と言い、担当者に対して声をかけた上で、会うというのであれば、その方に任せればよいし、逆に会う必要は無いという回答をもらった場合は、「申し訳ありませんが、アポイントの無い方とは面会いたしかねるということでございます。」と率直に回答しても良いし、「ただいま不在（会議中）です」などと別の理由を挙げても良い。

受付：いらっしゃいませ。どちら様でしょうか。

来客：お忙しいところを恐れ入ります。私、○○社の金と申します。お約束はないのですが、営業一課の高橋さんがおいででしたら、お目にかかりたいのですが。

受付：どのようなご用件でしょうか。

来客：あのう、先日ご相談した件で、至急ご連絡したいことがございまして。

受付：かしこまりました。お取り次ぎいたしますので、少々お待ちいただけますか。

来客：はい、よろしくお願いいたします。

3. 担当者が不在の場合

名指し人が不在の場合は、「申し訳ありませんが、〇〇は外出しておりまして、戻るのは5時ごろになります」などと不在の理由と戻りの予定時刻を伝えて、相手にどうしますかと対処方法を回答してもらう。

受付：いらっしゃいませ。どちら様でしょうか。

来客：〇〇社の金と申します。営業一課の高橋さんと3時にお約束しているのですが。

受付：〇〇社の金様でございますね。お約束していながら、申し訳ございませんが、高橋は急用で外出しておりまして、戻るのは5時ごろになりますが。

練習二　担当が出られない時

1. 担当者が不在

受付：ただ今連絡を取りましたが、あいにく高橋は外出しております。いかがいたしましょうか。

来客：そうですか。あのう、何時ごろお戻りになられるでしょうか。

受付：昼過ぎには戻ってくるとのことでしたが、はっきりしたことは申しませんでした。もし、伝言でよろしければ、おうかがいいたしておきますが。

来客：では、〇〇社の金が来たとお伝えいただけないでしょうか。

受付：かしこまりました。お名刺をちょうだいできますか。

2. 代理を呼ぶ

受付：あいにく高橋は席を外しております。代わりの者でよろしければ、同じ課の者をお呼びいたしますが。

来客：そうですか。では、申し訳ございませんが、そうしていただけないでしょうか。

受付：かしこまりました。早速連絡を取りますので、今しばらくお待ちください。

…（代理の者が来る）…

代理の者：どうもお待たせいたしました。同じ課の田中と申します。もし、私で分かることでしたら、承りますが。

来客：ありがとうございます。実は○○の件で…。

3. 先客がいたとき

受付：あいにく高橋は先客がございまして、今少々時間がかかるとのことですが、いかがいたしましょうか。

来客：そうですか。では、それまで待たせていただいてもよろしいでしょうか。

受付：はい、けっこうです。その旨、高橋に伝えておきますので、どうぞこちらでお待ちください。ただ今、お茶を持ってまいります。

来客：あっ、お気遣いは無用に願います。

練習三　面会を断るとき

1. 外出を理由に断る

受付：あいにく高橋は外出しておりまして。

来客：いつ頃お戻りになられるでしょうか。

受付：申し訳ございませんが、こちらではよくわかりません。後日、日を改めてお越しいただくわけにはいかないでしょうか。

来客：そうですか。では、近日中にまたおうかがいいたします。

2. 忙しいことを理由に断る

受付：ただ今、社内が取り込んでおりまして、誠に申し訳ございませんが、高橋も手が離せない状態でございます。

来客：そうですか。

受付（うけつけ）：せっかくおいでくださったのに、申し訳（もうしわけ）ございません。

来客（らいきゃく）：では、高橋（たかはし）さんにはよろしくお伝（つた）えください。では、失礼（しつれい）します。

3. 規則（きそく）を理由（りゆう）に断（ことわ）る

受付（うけつけ）：誠（まこと）に申し訳（もうしわけ）ございませんが、当社（とうしゃ）ではお約束（やくそく）のない方（かた）のお取（と）り次（つ）ぎはできないことになっております。

来客（らいきゃく）：そうですか。

受付（うけつけ）：申し訳（もうしわけ）ございません。

第二ユニット
社外で

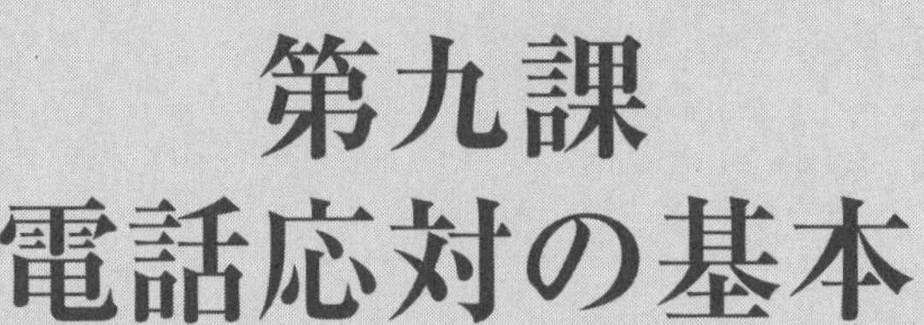

第九課 電話応対の基本

登場人物

日本百貨店の谷口課長が日本桜商事の営業部の大塚課長に三回電話した場面です。一回目はオペレーターが大塚課長に電話を取り次げました。二回目は大塚課長が外出中ですので、また一時間後にもう一度電話をしました。三回目は大塚課長はほかの電話に出ていたから、伝言をしました。

基本常識

ビジネス電話の対応は、電話に出た人の対応で会社の第一印象が決まってしまう大事な仕事で、感じがよければ良い印象を与えるが、対応が悪いと印象どころか信用さえも失いかねない。電話対応の基本的な対応方法や対応のマナーは次の通り。

一、電話のかけ方

(一) 電話をかける際の具体的なマナー

1. 電話をかけるタイミングのマナー

業務時間に仕事の用件であれば、いつでも電話を掛けても良い。緊急の用件の場合はその限りではないが、急ぎではない電話の場合、相手が忙しいであろう時間帯は外す。

2. 電話をかける前のチェック

電話を掛ける前に、話す用件を整理する。

3. 相手が不在の場合

基本的には再度自分からかけなおす。

（二）電話のかけ方

1. まずは相手が社名を述べるのを聞き、電話先が正しいことを確認する。

2. 必ず自分から、社名と氏名を名乗る

お早うございます、富士電機の中村と申します。いつもお世話になっております。

恐れ入りますが、営業部の金田様をお願いしたいのですが。

3. 相手が出たら都合を確認する

お忙しいところ失礼します。少々お時間よろしいでしょうか。

よろしければ後ほどおかけ直しいたしますが、何時頃がよろしいでしょうか。

4. 相手が不在の場合は、基本的には掛けたほうが再度電話をする

（1）—何時ごろお戻りのご予定でしょうか。

—4 時ごろこちらからまたお電話いたします。

（2）相手が何時に戻るか分からない場合には、相手から掛けてもらう。

お戻りになりましたら、中村までお電話をいただきたいのですが。

（3）簡単な用件であれば伝言をお願いします

伝言をお願いしたいのですが。。

恐れ入りますが、お名前をお聞かせ願えますか。

5. 用件は的確にポイントを押えて伝える

お目にかかりたいのですが、ご都合はいかがでしょうか。

申し訳ありませんが、時間の変更をお願いしたいのですが。

先日の件で折り入ってご相談があるのですが。

6. 切る前に、時間を割いてくれた相手に対する感謝の意を伝える

お忙しいところありがとうございました。

二、電話の受け方・応対マナー

1. 呼び出し音は3回以内

ベルが鳴り始めてから、遅くとも3回以内には受話器を取る。とくに新人や立場が下の人は、取引のある会社や仕事を覚える機会にもなるから、進んで受話器を取る。3回以上鳴ってから出る場合には、「お待たせいたしました」と一言添える。

2. 社名を名乗る

「はい、A社でございます」「お電話ありがとうございます」など明るい声でこちらから名乗る。部署名や自分の名前も一緒に告げてもよい。同時にメモとペンを用意し、用件を聞く準備をする。

3. 相手の名前を確認

相手が名乗ったら、すぐにメモをする。こちらが名乗っても相手が名乗らなかった場合は、「恐れ入りますが、どちら様でいらっしゃいますか」「失礼ですが、どちらさまでしょうか」と確認する。

4. 挨拶（お礼）

名前を聞いたら、「いつもお世話になっております」と挨拶する。

自分が知らない相手であっても、会社としてお世話になっている感謝の気持ちを表す。会社の代表として丁寧に応対をすることが大切なのだ。

5. 取り次ぎ

（1）名指し人に取り次ぐ

相手の会社名、氏名、名指し人の名前、どの部署の誰につなげばいいのかを確認する。

（2）名指し人が他の電話に出ている場合

「あいにく××は、ただいま電話中でございます。そのままお待ちいただけますか」「こちらからおかけ直しいたしましょうか」と相手の都合を聞く。

相手が待っているときに名指し人の電話がなかなか終わらないようなら、「電話が長引きそうなので、終わりましたら、折り返しこちらからお電話を差し上げましょうか」と再度相手の都合を尋ねる。長い間保留にしておくのは失礼になる。

折り返しこちらから電話をする場合は、必ず連絡先の電話番号を確認する。相手の連絡先が分かっている場合は、「会社へおかけすればよろしいでしょうか」などと確認する。

6. 用件で取り次ぎを依頼されたとき

「経理担当の方」などという指定の場合は、先方の名前を確認し、おおよその用件の内容を尋ねて、用件にふさわしい担当者に取り次ぐ。

「経理の○○に代わりますので、少々お待ちください」などと言って、担当者と代わる。

7. 在席を伝えてはいけない場合

本人が在席していても、出なくてよい電話や名指し人が出たくないような場合は、最初に、名指し人の在、不在を言わないように、「○○でございますね。少々お待ちください」といった出方をする。そして、名指し人の都合を確かめる。

来客、外出など様々な理由で名指し人が電話に出られない場合がある。その際には臨機応変な対応が必要となる。

（1）急ぎでない用件の場合

不在の理由を述べ、「お急ぎでいらっしゃいますか」と尋ねる。

急ぎでない場合には会議の終了時刻や帰社時刻を伝え、「こちらからご連絡させていただきましょうか」と確認する。

（2）急ぎの用件の場合

社内の場合には、名指し人に電話があった旨を伝える。どうしてもすぐに電話に出られない場合には、「申し訳ございません。私でお差支えなければ承りますが」と、可能な内容であれば対応する。

8. 自宅の電話番号は教えない

電話をかけてきた相手が急ぎの用件の場合、自宅か携帯電話の番号を教えてほしいと依頼されることもある。しかし、そうした個人情報は本人に無断で教えてはいけないもので、どうしても連絡を取りたいという場合には、相手の連絡先を聞き、本人から連絡をさせる。

また、セールスの電話を受けた場合にも、上司にとにかく代わってほしいといわれることがあるが、課長の名前などの情報はむやみに相手に伝えない。明らかにセールスだと分かる場合には丁寧に断る。

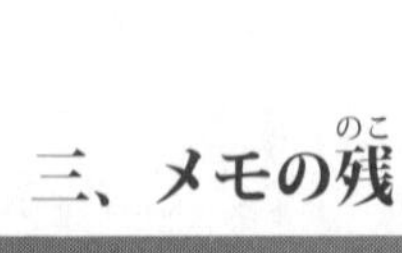

三、メモの残し方

1. 誰宛かを書く
2. 電話を受けた日時を書く
3. 受けた相手の会社名と名前を敬称付きで書く
4. 用件を正確・丁寧に書く
5. 折り返す場合は、電話番号を聞いておく
6. 最後に、受けたのが誰かを書く

オペレーター：お電話ありがとうございます。日本桜商事でございます。

谷口課長：営業部の大塚課長、お願いいたします。

オペレーター：失礼ですが、どちら様ですか。

谷口課長：日本百貨店の谷口と申しますが…。

オペレーター：いつもお世話になっております。少々お待ちください。

谷口課長：はい、お願いします。

オペレーター：（大塚課長に）課長、日本百貨店の谷口様からお電話です。

大塚課長：（オペレーターに）あ、どうも。（谷口課長に）はい、お電話かわりました。大塚です。

谷口課長：突然お電話いたしまして、申し訳ございません。日本百貨店の谷口です。

大塚課長：毎度お世話になっております。

谷口課長：いえ、こちらこそ。実は、今度…。

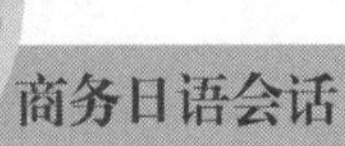

金美玲　：日本桜商事の営業部でございます。

谷口課長：日本百貨店の谷口ですが。

金美玲　：いつもお世話になっております。

谷口課長：営業部の大塚課長、お願いいたします。

金美玲　：申し訳ございませんが、大塚はただいまちょうど外出中なんですが。

谷口課長：そうですか、お出かけですか。何時ごろお帰りになりますか。

金美玲　：ええと、あと1時間ぐらいで戻ってくる予定ですが。あのう、なにかお伝えましょか。

谷口課長：実は、ちょっと急いでお聞きしたいことがあったんですが。じゃ、結構です。

金美玲　：そうですか。かしこまりました。

谷口課長：あと1時間ですね。それじゃ、そのころまた掛けます。

金美玲　：大塚が戻りましたら、こちらからお電話いたしましょうか。

谷口課長：いえ、今出先なものですから、電話があったことだけ伝えてくださいますか。

金美玲　：はい、かしこまりました。

谷口課長：では失礼いたします。

金美玲　：ごめんください。

（先方が電話を切ってから切る）

金美玲　：日本桜商事の営業部でございます。
谷口課長：日本百貨店の谷口ですが。
金美玲　：いつもお世話になっております。
谷口課長：営業部の大塚課長はいらっしゃいますか。
金美玲　：申し訳ございませんが、大塚はただいま、ちょっと他の電話に出ております。
谷口課長：そうですか。
金美玲　：すぐ終わると思いますが、お待ちいただけませんか。それとも、こちらからお掛けいたしましょうか。
谷口課長：いや、ちょっと今高速道路にいて携帯電話からかけているんです。伝言をお願いできますか
金美玲　：はい、かしこまりました。どうぞ。
谷口課長：こちらは日本百貨店の谷口です。
金美玲　：すみませんが、電話機が不良でよく聞こえません。もう一度おっしゃっていただけませんか。
谷口課長：日本百貨店の谷口です。
金美玲　：はい、日本百貨店の谷口様ですね。
谷口課長：はい、実は大塚課長と10時に面談すると約束しましたが、今、高速道路で事故がありまして、道が大変混んでいるんです。それで約束の時間にお伺いできそうもないんですが、差し支えなければ1時間ほどずらして欲しいと伝えていただきたいんで

すが。

金美玲　：それでは11時になるということですね。

谷口課長：はい、そうです。

金美玲　：はい、分かりました。道が混んでいるので面会の時間を11時に変更したいというふうに伝えて宜しいですね。

谷口課長：はい、そうです。

金美玲　：はい、恐れ入りますが、念の為、そちらさまの携帯電話の番号を教えていただけませんか。

谷口課長：はい、12345678912です。

金美玲　：12345678912の谷口様ですね。かしこまりました。必ず大塚にお伝えいたします。私、金美玲と申します。

谷口課長：金美玲さんですね。よろしくお願いします。では、失礼いたします。

金美玲　：ごめんくださいませ。

（先方が電話を切ってから切る）

単語

毎度（まいど）/ 毎次，毎回，屡次，经常
今度（こんど）/ 这回，此次，最近
外出中（がいしゅっちゅう）/ 外出中
出先（でさき）/ 去处，前往的地方
先方（せんぽう）/ 对方，那一边
高速道路（こうそくどうろ）/ 高速公路
携帯電話（けいたいでんわ）/ 手机
伝言（でんごん）/ 传话，口信，带口信
電話機（でんわき）/ 电话机

不良（ふりょう）/ 不好，不良
面談（めんだん）/ 面谈，面洽
事故（じこ）/ 事故
大変（たいへん）/ 非常，很
差し支え（さしつかえ）/ 妨碍，障碍，不方便
変更（へんこう）/ 变更，更改
念の為（ねんのため）/ 为了慎重起见，为了明确起见
必ず（かならず）/ 一定，必定

関連表現

（一）電話に出る時

1. はい、日本桜商事でございます。朝日ビールの安本様でいらっしゃいますね、いつもお世話になっております。総務の菊池ですね。少しお待ち下さいませ。（相手の社名と名前、取り次ぎ先を聞いたら、復唱する。）

2. 恐れ入りますが、お電話が遠いようなので、もう一度お願いいたします（相手の声が聞き取れない時）。

3. おはようございます、日本桜商事でございます。

4. ○○会社の三本です。いつもお世話になっております。（取引先など、つき合いのある相手の場合）

5. 失礼ですが、どなた様でしょうか / 恐れ入りますが、どちら様でしょうか / 恐れ入りますが、お名前頂戴できますか（名乗らない場合には、こちらから確認）。

6. お忙しいところ失礼いたします。私、○○会社の三本と申します。（初めて電話をする相手の場合）

7. 恐れ入りますが、念のためお電話番号いただけますか。（相手の連絡先を聞く）

8. 係りのものにおつなぎいたしますので、しばらくお待ち下さい。

9. 念のため確認させていただきます。（相手が復唱しないとき）

10. 恐れ入りますが、○○部の古川様はいらっしゃいますか。（電話をかけるとき）

11. ○○会社の坂田でございます。いつもお世話になっております。（呼び出し相手が出たら、名乗って挨拶をする）

（二）本人が不在の時

1. 申し訳ございませんが、谷口はただいま席を外しておりますが。

2. 谷口はただいま、他の電話にでておりますが、すぐ終わると思いますので、お待ちいただけませんか。

3. 谷口はただいま、他の電話にでておりますが、すぐには終わりそうもありませんので、後ほどこちらからおかけいたしましょうか。

4. 谷口はあいにく出かけておりまして、今日は遅くなると申しておりましたが。
5. ごめんなさい、谷口は今外出しているんですが。
6. すみませんが、谷口はちょうど出張中なんですけど。
7. 谷口は本日、出張で留守にしておりますが、明日は出社いたします。
8. 谷口はもう帰りましたが、どのようなご用件でしょうか。
9. すみませんが、今、谷口は留守にしています。
10. 谷口ですか、あいにく今不在です。

（三）伝言する時

1. 何かメッセージがございましたら、お伝えいたしましょうか。
2. はい、山本様、いつもお世話になっております。4日の打ち合わせを5日に変更をご希望とのこと。承知いたしました。三菱商社の鈴木が 承 っております。
3. 何かご用がありますか、お伝えいたします。
4. 野口は今外出中ですが、何か伝言はございますか。
5. 谷口は今席を外していますが、もし差し支えがなければ伝えておきましょうか。
6. すみませんが、谷口さんにちょっと伝言していただきたいんですが。
7. またお留守ですか、それでは、一言伝えてもらえませんか。
8. 私はこれから1週間中国に滞在すると谷口さんに伝えてください
9. 今日は下痢で体の調子が悪いので、出勤できないと課長にお話しください。
10. じゃ、またお電話します。日本桜商事の大塚というものから電話があったとお伝えください。

（四）電話の終わりの挨拶

1. ありがとうございました。
2. 失礼します。
3. よろしくお願いいたします。
4. それでは、よろしくお願いいたします。
5. それではよろしくお願いいたします、本当にありがとうございました。
6. 申し訳ございませんでした、今後ともよろしくお願いいたします。

練習一　電話取り次ぎ

電話を取り次ぐ際、基本的には「相手の確認」「取り次ぎ」「担当者不在の場合の対応」の三つがポイントとなる。

1. 相手の確認

（1）恐れ入りますが、どちら様でしょうか。

（2）会社名のみ名乗った場合は、

失礼ですが、お名前もお教えいただけますでしょうか。

（3）個人名のみの場合は、

失礼ですが、どちらの○○様でしょうか。

2. 取り次ぎの実施

「ただ今、樋口は外出しておりますが、6時に戻ります。戻りましたらお電話させていただきます」というふうに、必要なことを最後まできっちり伝える。取り次ぎをする際は、「それでは○○と代わりますので、少々お待ちください」と言って保留ボタンを押す。保留ボタンを押さないと、社内の会話が筒抜けとなるので注意すること。

担当者には、「○○商事の××様からお電話です」と取り次ぐ。

その際に簡単な用件を聞いている場合は、「□□の件で問い合わせたいことがあるそうです」とその内容もしっかり伝えることが重要。

受付：山城株式会社の小山様でいらっしゃいますね。お世話になっております。

小山：営業部の平口様をお願いいたします。

受付：営業部の平口ですね。少々お待ちくださいませ。

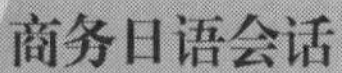

（担当者に取り次ぐ）

山城株式会社の小山様からお電話です。納期の件でご質問があるそうです。

（担当者が分からない場合）

受付：申し訳ございません。後ほど担当者からご連絡させていただきます。小山様のお電話番号をおうかがいしてもよろしいでしょうか。

3. 担当者が不在の場合

取り次ぐはずの担当者が不在の場合、状況により以下のような対応をする。

（1）すぐに戻れる場合

ただいま、少々席を外しております。

（2）休んでいる場合

○○は本日休暇を取っております。

（3）社内にいるが席にいない場合

申し訳ございません、佐藤は只今席をはずしております。戻りましたら折り返しお電話差し上げましょうか。（会議中の場合は、メモを渡して連絡をする。）

（4）外出している場合

申し訳ございません、三田は只今外出しております。2時の帰社予定ですので、戻りましたら、お電話差し上げましょうか。

なお、遅刻している、どうしているか分からない場合などは全て、「外出しております（または席を外しております）」で対応すること。

4. 不在の場合の対案を提示する

担当者が不在で取り次ぐことができない場合は、基本的にこちら側から対案を提案する。

（1）すぐに戻ると思いますので、このままお待ちいただけますでしょうか。

（2）こちらには○時ほどに帰社する予定となっておりますので、改めて○○より折り返しご連絡させましょうか。

（3）よろしければ伝言を承りますが。（この場合はしっかりとメモをとる。また、伝言内容を復唱した上で、再度お客様の名前等をこちらが復唱して確認する）などが適切である。

（4）電話を切る際：

〇〇（自分の名前）が承りました。それでは失礼いたします。

申し訳ございません、〇〇は只今外出しております。よろしければ私が代わってご用件承りましょうか。

はい、かしこまりました。お願いいたします。

復唱させて頂きます。〇〇△△でよろしいですね。私、渡辺が承りました。お電話ありがとうございました。

5. 電話の応対の基本作法：挨拶から取り次ぎまで

鈴木：三菱商社の鈴木と申します。いつもお世話になっております。恐れ入りますが、営業部の飯塚課長をお願いいたします。

受付：はい、お電話ありがとうございます。飯塚でございますね。それでは飯塚と代わりますので、少々お待ちください。

鈴木：はい、ありがとうございます。

飯塚：お電話代わりました。営業部の飯塚でございますが。

鈴木：飯塚課長でいらっしゃいますか。いつもお世話になっております。三菱商社の鈴木です。今、お時間よろしいでしょうか。来週の会議の件なのですが。

……

お忙しいところ、ありがとうございました。失礼いたします。

練習二　ビジネス電話の基本型

取引先から会社にかかってきた電話の応対を、受話器を取り上げたときから受話器を置くまでの会話の流れ。

(一) 最初の応対

1. はい、○○（社名）です。
2. おはようございます。○○（社名）です。
3. お待たせいたしました。○○（社名）です。
4. 私、○○社の△△（名前）と申します。××課の△△様をお願いしたいのですが。
5. 私、○○社の△△（名前）と申します。××課の△△さんをお願いします。
6. 失礼ですが、どちら様でしょうか。
7. 少しお電話が遠いようなのですが。
8. △△様でございますね。ただ今代わりますので、少々お待ちください。
9. △△はただ今電話中ですので、このまましばらくお待ちいただけますか。
10. こちらは営業課ですので、××課の方にお回しいたします。
11. ただ今、担当の者と代わりますので、少々お待ちください。

(1) 基本型

金　　：はい、日本桜商事です。

取引先：三菱商社の鈴木と申します。いつもお世話になっております。営業部長の中村様をお願いしたいのですが。

金　　：鈴木様でございますね。ただ今代わりますので、少々お待ちください。

(2) 午前中にかかってきた電話

金　　：おはようございます。日本桜商事です。

取引先：あのう、申し訳ございませんが、営業第三課の金様をお願いしたいのですが。

金　　：金は私ですが、失礼ですが、どちら様でございましょうか。

取引先：申し遅れまして、私、三菱商社の鈴木と申します。

(3) 電話を取るのが遅れたとき

金　　：お待たせいたしました。日本桜商事です。

取引先：お忙しいところを申し訳ございませんが、私、三菱商社の鈴木と申します。営業部長の中村様をお願いしたいのですが。

金　　：申し訳ございません。中村はただ今電話中ですので、このまましばらくお待ちいただけますか。

(4) 他部署あての電話を受けたとき

金　　：はい、日本桜商事です。いつもお世話になっています。

取引先：私、三菱商社の鈴木と申します。人事課の藤本様をお願いしたいのですが。

金　　：申し訳ございません。こちらは営業課ですので、人事課の方にお回しいたします。そのままお待ちください。

取引先：お願いいたします。

…（電話を取り次ぐ）…

藤本　：お電話代わりました。人事部の藤本ですが、…

(5) 担当外の電話を受けたとき

金　　：日本桜商事です。

お客様：あのう、先日、そちらで買った車の調子がどうもよくないんですが、それでお電話を。

金　　：どうも申し訳ございません。ただ今、担当の者と代わりますので、少々お待ちください。

お客様：分かりました。

…（電話を取り次ぐ）…

担当者：お待たせいたしまして、申し訳ございません。担当の三田と申しますが…。

(6) 電話の声が聞き取りにくいとき

金　　：はい、日本桜商事です。

取引先：三菱商社の鈴木と申しますが、…

金　　：あのう、申し訳ございません。少しお電話が遠いようなのですが、…
取引先：あっ、申し訳ありません。
…（大きい声で）…
　　　　私、三菱商社の鈴木と申します。

（二）本人が出られないとき

本人が不在、または他の用件で電話口に出られないときのビジネス電話の定型

1. 申し訳ございません。△△はただ今、席を外しております。
2. 申し訳ございません。△△はただ今、外出しております。
3. 申し訳ございません。△△はただ今、出張中でございます。
4. 申し訳ございません。△△はただ今、（電話・接客・会議…）中でございまして、何か急用でございましょうか。
5. 折り返しお電話するように伝えておきましょうか。
6. こちらからおかけ直しいたしましょうか。
7. △△でしたら間もなく戻ると思いますので、後ほどお電話いただけないでしょうか。
8. もう一度、お電話をおかけ直しいただく訳にはいかないでしょうか。
9. もし、お差し支えがなければ、私が代わってお話をお伺いしましょうか
10. 確かに承りました

（1）本人が不在のとき

金　　：誠に申し訳ございません。中村はただ今席を外しておりますが、何かお急ぎのご用でしょうか。
取引先：ええ、ちょっとご相談したいことがございまして。
金　　：あのう、中村でしたら、間もなく戻ると思いますので、後ほどお電話いただけないでしょうか。
取引先：では、10分後ぐらいにもう一度お電話さし上げます。
金　　：はい、中村にもそう伝えておきます。

(2) 本人が接客中のとき

金　　：誠に申し訳ございません。中村はただ今接客中でございまして、ちょっと席が外せないのですが、…。

取引先：そうですか。

金　　：あのう、もう一度お電話をおかけ直しいただくわけにはいかないでしょうか。

取引先：では、一時間後にもう一度お電話さし上げますので、そう中村様にお伝えいただけませんか。

金　　：確かに承りました。

(3) 本人が外出しているとき

金　　：誠に申し訳ございません。中村はただ今外出しておりまして。

取引先：そうですか。困りましたねえ。

金　　：もし、お差し支えがなければ、私が代わってお話をお伺いしましょうか。

取引先：では、○○清水商社の木下が契約の件で、至急お目にかかってお話ししたいことがあるとお伝えいただけませんか。

金　　：かしこまりました。中村が戻りましたら、さよう伝えておきます。

(4) 本人が電話中のとき

金　　：申し訳ございません。中村はただ今電話中ですので、このまましばらくお待ちいただけますか。

取引先：はい。

…（中村部長の電話が長引いているのを見て）…

金　　：誠に申し訳ございません。中村の電話はどうも長引きそうですので、こちらからおかけ直しいたしましょうか。

取引先：では、そうお願いいたします。

金　　：木下様のお電話番号をお教えいただけますか。

取引先：はい、03-××××-××××です。

金　　：もう一度確認させていただきます。03-××××-××××でよろしいでしょうか。

取引先：はい。

金　　：では、ただ今の電話が終わり次第、折り返し木下様の方へ電話させます。

（三）ビジネスの伝言

1. 伝言の仕方と受け方

（1）短い伝言の場合

金　　：誠に申し訳ございません。中村はただ今席を外しておりますが、何かお急ぎのご用でしょうか。

取引先：では、中村様がお戻りになりましたら、お電話をいただきたいとお伝えいただけませんか。

金　　：かしこまりました。もう一度、ご連絡先を確認させていただきます。清水商社の木下様でよろしいですね。

取引先：ええ、けっこうです。

金　　：はい、確かにその旨伝えておきます。私、営業三課の金と申します。

取引先：では、よろしくお願いいたします。

（2）長い伝言の場合

金　　：誠に申し訳ございません。中村はただ今、外出しておりますが、いかがいたしましょうか。

取引先：では、恐れ入りますが、ご伝言をお願いします。

金　　：かしこまりました。

取引先：実は…（長い内容）…

金　　：申し訳ございません。メモを取らせていただきますので、少々お待ちください。

（メモ用紙を用意して）

お待たせいたしました。どうぞ。

取引先：…そう、おことづけをお願いいいたします。

金　：内容をもう一度確認させていただきます。（メモの内容を復唱する）間違いございませんでしょうか。

取引先：はい、確かに。

金　：では、中村が戻り次第、さよう申し伝えておきます。私、営業三課の金と申します。

取引先：では、よろしくお願いいたします。

2. 本人への伝言の伝え方

(1) 取引先から伝言を上司に伝える

金　：部長、10 分ほど前、三菱商社の鈴木様からお電話がございまして、至急、電話してほしいとのことでした。

部長：うん、分かった。ありがとう。

(2) 取引先から長い伝言を上司に伝える

金　：部長、たった今、三菱商社の鈴木様からお電話がございまして、次のようなご伝言がございました。…（メモを読む）…

部長：ありがとう。

(3) 上司の伝言を同僚に伝える

金　：たった今、部長から電話があって、戻ったら、すぐ、部長室に来てくれとのことだったよ。

同僚：うん、分かった。ありがとう。

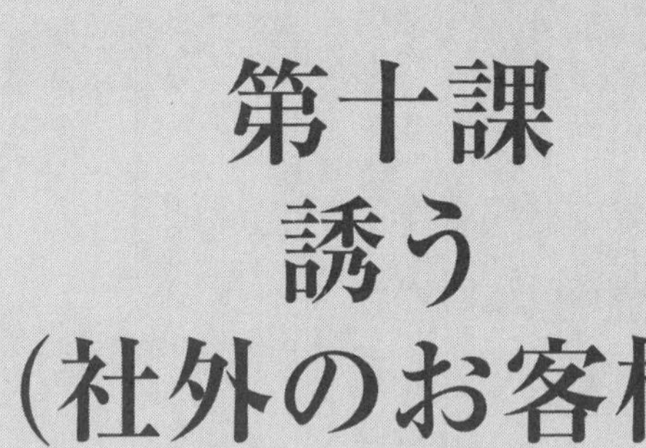

第十課 誘う（社外のお客様）

登場人物

日本桜商事の営業部の金美玲さんが取引先の谷口課長に食事を誘うために電話をしました。それから、翌日、谷口課長が金美玲さんに一緒にボーリングに行こうと思って、電話をしたんですが、金美玲さんは先約があったため、谷口課長の誘いを断った場面です。

基本常識

日本人が「おつきあい願えませんか」とか「場所を変えて」という場合、ほとんどの場合、酒の席で、これ以外にも接待ゴルフ、接待麻雀などがあるが、ただ、ビジネス上の誘いの受け方や断り方には決まった言い方があるから、覚えておいたほうがいい。

取引先から誘いを受けたとき、ビジネスといえども人間関係が基本だから、よほどの理由がない限り、断らない方がいい。ただし、忘れてはならないのは、誘いを受けたら必ず誘い返すことで、常に五分五分の関係を維持しておかなければならない。でないと対等な交渉が成立しなくなる恐れがあり、ビジネスマンが常に心がけておくことである。

断りには仕事を口実にするのが一番だが、それでも強く誘われたら、「不調法ながら私はお酒が飲めませんので」とか、「あいにく、今日は息子の誕生日でして」のように、家庭の事情を話せば、相手はそれ以上言わないだろう。

金美玲　：もしもし、日本桜商事の営業部の金美玲と申しますが、営業部の谷口課長はいらっしゃいませんか。

谷口課長：はい、谷口ですが。

金美玲　：いつもお世話になっております。日本桜商事の営業部の金美玲です。

谷口課長：ああ、金さん。こちらこそ、お世話になっております。先月、日本に送った中国のわかめは、とても評判がよかったですよ。お陰様で、よく売れています。

金美玲　：そうですか。それはよかったです。これからもいいものを作っていきますので、よろしくお願いいたします。

谷口課長：こちらこそ、よろしくお願いします。

金美玲　：ところで、谷口課長、今週の水曜日の夜なんですが、ご都合はいかがでしょうか。

谷口課長：今週の水曜日ですか。

金美玲　：はい。よろしかったら、お食事でもいかがでしょうか。

谷口課長：申し訳ないんですが、その日はちょっと予定があるんですよ。

金美玲　：そうなんですか。それは残念ですね。

谷口課長：次の日の木曜日だったら、空いているんですけど。

金美玲　：じゃあ、木曜日でよろしいでしょうか。

谷口課長：ええ、いいですよ。

金美玲　：よかった。うれしいなあ。ところで、谷口課長は海鮮料理でもよろしいでしょうか。

谷口課長：ええ、海の物が大好きですよ。どこかいい店、ご存じですか。

金美玲　：人気がある海鮮料理の店を知っ

ているんですよ。その店はとてもおいしいです。

谷口課長：へえ、ぜひ行ってみたい。

金美玲：では、今週の木曜日にお目にかかります。

谷口課長：それではまた。

（翌日）

谷口課長：もしもし、日本百貨店営業部の谷口と申しますが、営業部の金美玲さんをお願いします。

オペレーター：はい、少々お待ちください。

金美玲：はい、お電話かわりました。営業部の金美玲です。

谷口課長：金さん、昨日、ご馳走様でした。本当に大満足でしたよ。

金美玲：いいえ、谷口課長のお陰で、楽しかったです。

谷口課長：ところで、金さん、急に決めたことなんですが、みんなでボーリングに行くんだけど、一緒に行かない？

金美玲：ああ、今晩ですか。ちょっと都合が悪いんですが。

谷口課長：ええ、そうなの。でも、中国人と日本人でボーリング大会をするのよ。金さんが来ないと、人数が足りないの。どうにかならない？

金美玲：申し訳ございませんが、行きたいんですけど、今晩は大事な用事があって…

谷口課長：分かった。じゃ、今度は中華料理が食べたいなあ。

金美玲：分りましたよ。今晩はちょっと無理ですから、谷口課長、来週ご都合はいつよろしいでしょうか。

谷口課長：来週なら、いつでもいいよ。

評判 / 评论，评价

お陰様で / 托您的福

予定 / 预定

海鮮料理 / 海产物菜肴

海の物 / 海产物，海鲜

大好き / 非常喜欢

人気がある / 受欢迎的

ご馳走様 / 承蒙您款待了

大満足 / 十分满意

ボーリング / 保龄球

人数 / 人数

関連表現

（一）社外の人を誘う

1. もしお時間がありましたら、展示会においでいただけませんか。
2. もしお時間がございましたら、展示会においでいただけませんか。
3. 新年会に参加していただきたいと思っているんですが。
4. 忘年会に参加していただきたいと思っているんですが、よろしいでしょうか。
5. もしご都合がよろしければ、ご出席いただきたいと思いまして。
6. もしご都合がよろしければ、ご出席いただけませんか。
7. もしお時間がございましたら、ご出席お願いいたします。
8. ご興味がございましたら、お越しいただけませんか。
9. ご興味がおありでしたら、お越しいただきたいんですが。
10. ご都合がよろしければ、お越しいただきたいんですが。

（二）友達を誘う

1. いつ空いてる？
2. 今忙しい？
3. いつ都合がいいか。
4. 明日はどう？
5. 一緒に行かない？
6. お茶でもどう？
7. 晩御飯を一緒にどう？
8. 一杯飲みに行かない？
9. 買い物に行かない？
10. あなたに来てほしいんだけど。

（三）誘いを受ける、断る表現

1. 喜んで、ご一緒させていただきます。
2. お供させていただきます。
3. せっかくですが、まだ仕事が残っておりますので。
4. せっかくですが、得意先回りが残っておりますので
5. あいにく、今日は息子の誕生日でして。
6. ぜひお供させていただきたいのですが、あいにく今日は…
7. 不調法ながら、私はお酒が飲めませんので。

練習一　誘いの受け方、断り方

（一）付合いのある担当者間の誘いの受け方・断り方

1. 受け方

金美玲：大崎さん、いかがでしょう。お近づきの印に、お昼時間、おつきあい願えませんか。

取引先：そうですね。私も今日はこれで仕事もありませんし、喜んでご一緒させていただきます。

金美玲：では、11時半に海浜飯店の一階ロビーでお待ちしておりますので。

取引先：はい。ではその時。

2. 断り方

金美玲：大崎さん、いかがでしょう。お近づきの印に、お昼時間、おつきあい願えませんか。

取引先：せっかくですが、今日はこの後、他の得意先回りが残っておりますので。

金美玲：そうですか。残念ですねえ。

取引先：またの機会に、ぜひ。

（二）商談が終わった直後の誘いの受け方・断り方

1. 受け方

金美玲：いかがでしょう。場所を変えて、この話の続きをするということにいたしませんか。会社では、どうしても本音のところが話せませんから。

取引先：ええ、それもいいですね。

金美玲：では、早速いきましょう。近くになじみの店がありますので。

取引先：ええ、お供させていただきます。ちょっとすみませんが、会社の方に電話を掛けてまいります。

2. 断り方

金美玲：いかがでしょう。場所を変えて、率直なところを話し合いませんか。

取引先：ええ、しかし、私は一営業担当に過ぎませんし、それに、不調法ながら私はお酒が飲めませんので。

金美玲：そうですか。それでは無理にとは申せませんね。

取引先：申し訳ございません。

練習一　状況別敬語の使い方

(一) 肯定する時

かしこまりました。

承知いたしました。

その通りだと存じます。

(二) 否定する時

そのようなことはございません。

それは何かの間違いと存じます。

(三) 詫びる時

ご迷惑をお掛けいたしまして、申し訳ございません。

何とも申し訳のしようがございません。

(四) 頼む時

ご多忙とは存じますが。

恐れ入りますがお願いいたします。

お願いできないでしょうか。

お考え願えませんでしょうか。

（五）都合を聞く時

いかがでございましょうか。

（六）謙遜する時

いいえ、どういたしまして。

そんなに言われましても。

私にできることでしたら。

（七）驚き…相手の話を真剣に受け止めている印象を与えるあいづち

なるほど。

えっ、本当ですか？

いやー、驚きました。

（八）共感…相手の意見に対して同意を示すあいづち

私もそう思います。

そうですよね。

ごもっともです。

（九）展開…話題を展開することで興味を持って話を聞いている印象を与える

それからどうなったのですか？

ほかに何かご要望などはございますか？

（十）切り返し…相手の発言の真意を探る時に使うあいづち

と、おっしゃいますと？

ということは、どういうことですか？

第十一課
お客様の送迎

登場人物

日本桜商事の取引先の日本商事代表団の方々は初めての訪中ですから、駐在の日本桜商事の田中社長が空港での出迎えと見送りをした場面です。

基本常識

商談や打ち合わせなどが終わった場合、お客様をお見送りすることになる。こうした場合、お客をもてなすという行為の締めくくりであるといえる。最後だから気を抜かずにしっかりとお見送りをすること。

商談がうまくいった、いかないは別として礼を欠いたお見送りは大きなマイナスポイントで、特に、商談がうまくいかなかったとたんに、手のひらを返したような態度では、今後の話にも影響を及ぼす可能性もある。お見送りは最後の心遣いだから、しっかりと対応すること。

お見送りのマナー

お客様をお見送りする場合の基本的なビジネスマナーとしては、以下のように。

（一）相手の姿が見えなくなるまで相手を見ること

例えば、エレベーター前までお見送りする場合は、相手がドアを閉めて、エレベーターが動くまでは、エレベーターの前でお客様をお見送りすること。ドアが閉まりきる前に、背中を向けられたら、あまり気持ちいい感じはしない。

（二）お見送りの際はしっかりとお辞儀をする

エレベーターのドアが閉まる際や玄関でお見送りをする場合でも、「本日はありがとうございました。またよろしくお願いします」などとお辞儀をするのも重要だ。

（三）お見送りしている最中の話はあくまでも雑談

原則として、打ち合わせ等の席を立った後の会話は雑談となる。仕事の話題をしてもいいが、その際に相手に「〇〇をしてください」などとお願いしたりするのはマナー違反である。

（四）お見送りはどこまでするのがマナー？

お見送りをどこまでするのかはお客様により使い分けてかまわない。例えば、何度も訪れてくれるような気心のしれたお客様の場合は、オフィスのドアの前で「それでは、ここで失礼いたします」などと挨拶して、そこで終わらせても良い。通常のお客様の場合は、エレベーターに乗るまでくらいが一般的である。ただし、非常に重要なお客様などの場合は、先方が断らない限りは、会社の玄関や正門前程度まではお見送りをする。

出迎え

田中社長：失礼ですが、皆さんは日本商事代表団の方々でしょうか。

渡辺会長：はい、そうです。

田中社長：ようこそいらっしゃいました。恐れ入りますが、会長の渡辺様はどちらさまでしょうか。

渡辺会長：私が渡辺です。

田中社長：私は駐在の日本桜商事の田中と申します、皆さんをお迎えに参りました。どうぞよろしくお願いします。

渡辺会長：こちらこそよろしくお願いします。わざわざ出迎えにまで来ていただいて本当にありがとうございます。

田中社長：どういたしまして。道中お疲れになったでしょう。

渡辺会長：いいえ。便利な飛行機でしたから、ちっとも疲れませんでした。

田中社長：大阪関西空港から大連まで何時間くらいでつきましたか。

渡辺会長：そうですね、二時間くらいです。

田中社長：今朝は早かったのではありませんか。

渡辺会長：そうですね。朝六時に家を出たのです。関西空港をたったのは九時です。

田中社長：今日は時間どおりに到着したんですね。入国手続きもスムーズに済んだんでしょう。

渡辺会長：ええ。今日は乗客も少なかったし、手続きも早かったです。

田中社長：手続きのほうは確かに前より簡単になりました。もうお昼はお済みでしたか。

渡辺会長：はい。機内食が出たので、済ませました。

田中社長：大連では、最近大雨が降って涼しくなりました。どうぞお体にお気をつけください。

渡辺会長：はい、どうもありがとうございます。

田中社長：今度で、大連訪問は何回目ですか。

渡辺会長：皆初めてです。

田中社長：明日は日曜日ですから、市内をご案内しましょうか。

渡辺会長：どうもありがとうございます。日曜日はもちろんのこと、また、仕事の合間に開発区をぜひ見たいと思っています。

田中社長：他に何かご要望があったら、どうぞ遠慮なくおっしゃってください。

渡辺会長：みんな初めての訪中ですから、出来るだけ多くのところを見学したいと思っています。ご迷惑ばかりおかけして、すみません。

田中社長：いいえ、とんでもありません。喜んでお供いたします。

渡辺会長：それではよろしくお願いします。

田中社長：さあ、車が来ましたから、行きましょう。

見送り

藤本部長：おはようございます。

渡辺会長：おはようございます。大雨のところをわざわざおいてくださいまして、どうも恐れ入ります。

藤本部長：いいえ、どういたしまして。ご滞在中、日程がぎっしり詰まっていましたから、さぞお疲れになったことでしょう。

渡辺会長：いいえ、商談は大成功を上げた上にたいへん有益な見学も出来ました。それに行き届いたお世話のお陰で、楽しく過ごさせていただきました。

藤本部長：出来るだけご希望通りに日程を組みたかったのですが、実際至らないところが多かったと思います。その点お許し頂きたいと存じます。

渡辺会長：いいえ、そんな事ありませんよ。滞在中皆さんに本当に親切にして頂いて、なんとお礼を申し上げていいか。今後ともいろいろよろしくお願いいたします。

藤本部長：こちらこそお願いいたします。ああ、もう時間ですね、どうぞ、飛行機にお乗りください。

渡辺会長：本当に名残り惜しいですね。

藤本部長：またお迎えできる日をお待ちしています。

渡辺会長：皆さんも、是非弊社にお越しくださるよう、お待ちしております。

藤本部長：我々の交流はこれから一層盛んになるに違いありません。いずれきっとお伺いできると思っています。では、社長の田中様によろしくお伝えください。

渡辺会長：はい、間違いなく伝えます。

藤本部長：道中、どうぞお気をつけて。さようなら。

渡辺会長：どうぞ、お元気で、さようなら。

単　語

代表団（だいひょうだん）/ 代表团

方々（かたがた）/（敬语）各位，大家

恐（おそ）れ入（い）る / 劳驾，对不起

駐在（ちゅうざい）/ 驻在

迎（むか）え / 迎接

わざわざ /（副）特意

出迎（でむか）え / 迎接，迎接的人

道中（どうちゅう）/ 旅途中

快適（かいてき）/ 舒适

ちっとも / 一点儿（也不）

大阪関西空港（おおさかかんさいくうこう）/ 大阪关西机场

入国手続（にゅうこくてつづ）き / 入境手续

スムーズ / 顺利

乗客（じょうきゃく）/ 乘客

確（たし）かに / 确实

何回目（なんかいめ）/ 第几回

合間（あいま）/ 空闲，间歇

開発区（かいはつく）/ 开发区

要望（ようぼう）/ 希望，要求

遠慮（えんりょ）/ 客气

訪中（ほうちゅう）/ 访问中国

見学（けんがく）/ 参观（学习）

行（ゆ）き届（とど）く / 周到

滞在（たいざい）/ 旅居，逗留

日程（にってい）/ 日程

ぎっしり /（副）（挤得）满满的

有益（ゆうえき）/ 有益

名残（なのご）り惜（お）しい / 依依不舍

一層（いっそう）/ 更加

(一) 歓迎とお礼

1. よくいらっしゃいました。
2. ようこそいらっしゃいました。
3. よくおいでくださいました。
4. ようこそおいでくださいました。
5. 皆さんのご来訪を心からお待ちしております。
6. 皆様の御光来を私どもは首を長くしてお待ちいたしておりました。
7. 今日の天気までも青空で、私と同じように皆様を歓迎いたしております。
8. お出迎えありがとうございます。
9. 大変お忙しいところ、わざわざお出迎えいただき、誠にありがとうございます。
10. ご足労をおかけいたしまして恐縮でございます。

(二) 別れ

1. さようなら。
2. またお会いしましょう。
3. お別れに参りました。
4. ここでお別れしましょう。
5. そろそろおいとまいたします。
6. ほんの気持ちです。
7. せっかくのご厚意ですので、ありがたく頂戴いたします。
8. どうぞお大事に。
9. 快適な旅をお祈りいたします。
10. 道中のご無事をお祈りいたします。

（三）その他

1. 道中はいかがでしたか。
2. 道中お疲れになったでしょう。
3. 遠路はるばるおいでくださって、さぞお疲れになりましたでしょう。
4. いいえ、少しも疲れておりません。
5. 入国手続きもスムーズに済んだんでしょうか。
6. 今日は時間どおりに到着したんですか。
7. 明日は市内をご案内しましょうか。
8. 何かご要望があったら、どうぞご遠慮なくおっしゃってください。
9. 荷物はすでに揃いましたので、ホテルへ参りましょう。
10. これから、車の方へご案内いたします。

練習一　お客様を出迎える

金美玲：お迎えに上がりました。

お客様：わざわざどうもすみません。

金美玲：お荷物をお持ちしましょう。

お客様：すみません。

金美玲：あのう、長旅でお疲れではございませんか。

お客様：ええ、少し。

金美玲：でしたら、ホテルに直行いたしましょうか。少しお休みになられたほうがいいかと思います。

お客様：ええ、そうしていただけると助かります。

練習二　担当者としての見送り

見送る場所は原則として玄関までとする。ビルの上階に事務所がある場合は、エレベータまででも結構だし、親しい間柄の場合は、応接室の出口や部署の出口でもかまわない。お見送りは、来客の地位や仕事との関係によっては玄関先やビルの出口、車まで送る。立場の高い人や、遠方からのお客様の場合は、玄関口まで見送る。出口で挨拶をして別れるが、すぐには引き返さず、お客様の姿が見えなくなるまできちんとお辞儀をして、しばらく後ろ姿を見送る。

1. エレベーター前での見送り

お客様がエレベーターに乗るまで一緒に待ち、ドアが閉まる前に「ありがとうございました」と挨拶が終わった後、ドアが閉まるまでお辞儀をするのが礼儀で、見送られた側も会釈する。

2. 車の前まで送るとき

荷物があるときはいったん預かり、お客様に車に来ていただく。その後、荷物をお渡ししてドアを閉める。車が動き出したらお辞儀をし、車が遠ざかるまで見送る。

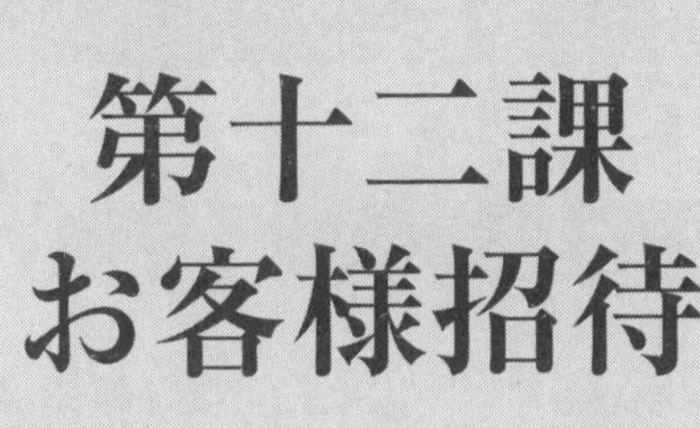

第十二課 お客様招待

登場人物

日本桜商事の取引先の日本商事代表団の方々は初めての訪中ですから、駐在の日本桜商事の田中社長が日本商事代表団の方々を空港から出迎えをして招待した場面です。

基本常識

一、クライアントを送迎するときの基本的なマナー

(一) クライアントを迎える

お客さまとの会食当日、クライアントを迎えに行く場合には、事前にアポイントメントを取っておく。迎えに行くのはこちらで用意した車、もしくはタクシーやハイヤーで、お招きする側の部下が迎えに行く役割を担当し、上司は先にお店で待機しておく。

(二) 会食終了のタイミング

あらかじめ予約しておいたお店で美味しい料理や酒を楽しみ、予約時間終了の前にビジネスの話もまとめておく。一次会で終了の場合には、帰りの車を手配する。

少し早めのタイミングでお店のスタッフに声を掛けて車を手配してもらう。もし別の場所に移動する場合は、次の会場に移動する。事前に二次会に利用できるお店をリストアップしておき、予定している時間と人数を連絡しておく。実際にクライアントに二次会への参加を確認するのは、レストランでの食事が終了する前になるが、なるべくたくさんの方に参加していただく。ただし、あくまでも無理強いはしないように。二次会のお店にこれから向かう旨を伝え、事前に席を整えておいてもらう。

（三）見送りする際のマナー

滞りなくお客さまとの会食は終了、クライアントも大満足のご様子だが、最後まで気を抜いてはいけない。クライアントを最後まで見送ってはじめて、ビジネスパートナーとして信頼されるのである。見送りする際は、お店を出たところで、事前に用意しておいた手土産を渡して、感謝を込めた別れの挨拶をする。お酒が入るとどうしても印象が薄れてしまうので、メンバー全員で相手の乗った車が見えなくなるまで見送る。

二、事前準備の流れ

クライアントをもてなすための段取り

限られた経費の中で行う接待。その中でクライアントの方々に満足してもらえるようにいろいろとやるべきことがある。大切なのはもてなす真心と段取りである。取引先の方々と飲食店で会食をするような場合に、事前の準備と指摘を付けるべきポイントは次の通りだ。

1. 予算の確保と場所の決定

忘れてはならないのが予算である。その日にお招きするクライアントが会社にとっていかに大切な存在なのかを上司に報告し、しっかりとしたお店でお客さまをおもてなしできるだけの予算を獲得する。また、飲食店選びでは、自分の好みや流行の

飲食店にするのではなく、招かれる側の好みに合わせた場所を選ぶ。場所についても、相手の会社などクライアントの拠点に近い店を選ぶ。なぜならクライアントがすでにその店に何度も通っている可能性があるからである。

2. 予約・参加人数を把握

人気の飲食店を利用したい場合は、早めに予約すること。そして、お店が決まったら、クライアント側は誰が参加するのかを確認し、クライアント側の参加者の役職や地位によって、お招きする側もメンバーを決める。

3. 接待の席での席次の基本原則

お客さまとの会食のとき、気をつけなければ失礼にあたるのが「席次」である。これはビジネスの基本中の基本とも言えることなのである。席次の原則とは、「出入口から最も遠い席が『上座』、近い席が『下座』」ということである。下座の人はテーブルの料理や飲み物の減り具合などを確認して、お店の人に注文をするために、この下座に座る。上座のなかでも入り口から最も遠い壁を背にした席は、最も上座の位置にあたり、クライアント側の最も高い役職の方が座る。食事にお招きするこちら側の一番役職の低い者が「下座」に座るのが低位置である。自分が席に着く前に、お客様に席を勧める。

三、料理の頼み方のマナー

（一）オーダーを通すときは席をはずして

食事中に料理や飲み物の注文をするときは、席をはずしてから、お招きしたクライアントの目に入らない位置、声が聞こえない場所でオーダーする。お店のフロアマネージャーと料理や飲み物について、予算的なことで交渉をすることもあるので、クライアントに余分な気をつかわせたり、不快感を与えたりしないよう、注文する際には細かい気配りを心掛ける。

（二）着席までのマナー

レストランで着席する場合にはレディーファーストが基本である。席に案内されるときやエレベーターに乗降する場合にも、全てレディーファーストである。これはテーブルマナーとして、英国式のマナーを採用しているため、和食の場合の「作法」とは異なる。また、着席するときにはクライアントを上席に勧める。上席とは一般的は、出口から最も遠い席で、案内するスタッフが最初に椅子をひいた席が上席である。女性がいる場合は、スタッフが最初にひいた上席に女性が座る。英国式マナーは国際儀礼なので、男性が女性より先に着席するのは、大変なルール違反になるので注意する。

かばんを持っている場合は、自分の席の左側に置く。右側だと隣の人が席を立つときに邪魔になってしまう。もちろん、テーブルの上にかばんを置いてはいけない。大きなものはお店に預けてもいい。

四、乾杯をするときのマナ

メンバーが揃って席に着いたら乾杯をして会食をはじめる。主客が乾杯を告げる前に飲み始めるのはマナー違反なので注意する。自分のグラスにシャンパンが注がれても、全員の用意が整うまで待つ。乾杯は杯に口を付けることに意味がある。お酒が飲めない人はもちろん飲む必要はないが、乾杯の際には形式だけでもグラスに口をつけるのがマナーである。

お酒が苦手な場合

お酒が苦手な場合や体調が悪い場合には、無理にお酒を飲むことはない。乾杯のときには、グラスに口だけを付けるのがマナーだが、乾杯が終わったら、お酒のグラスはテーブルの上に置いておき、ソフトドリンクを注文する。お酒を勧められたら、正直に理由を説明しておいた方が、後々のためにもいい。接待の席では、

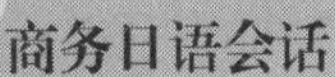

とにかくお酒をどんどん勧める風習があるが、お酒が苦手な人にいつまでもしつこく勧めるのは避ける。それよりも、クライアントの方たちの酒量をよく観察しておいて、その人の適量を見極めておくことがとても大切だ。

五、宴会のいろいろ

（一）レセプション

新製品の発表、創立記念、出版記念など披露を目的とした、より公式なパーティーで、多人数を呼ぶ千人を超える参加者が集まる場合もある。決まった開催時間はなく、目的によって開催時間は変わってくる。

（二）宴会

夜、会社の仕事が終わってから開催される。パーティーのような決まった形式はない。

（三）パーティー宴会の服装

宴会はビジネスの延長という性格が強いので、男性なら通常着用しているスーツでかまわない。女性の場合は、ドレッシーなもののほうがよい。

（四）パーティー宴会の基本的なマナー

招かれたらできるだけ快く招待に応じて、早めに返事を出す。断る場合は、公的な理由づけ（出張、先約など）をする。開始時間の決まっている場合は、遅れないよう時間に余裕をもって出かける。また、多めに名刺を用意する。

挨拶が終わって乾杯が済むまでは、正座のままでいる。食べ物に箸をつけるのも厳禁である。適度に和やかに談笑し、気持ちよくお開きとなるよう気を配る。

（五）宴会を主催する場合

1. 宴会の準備

（1）一ヶ月から二週間前までぐらいに相手の都合を確かめ、二、三日前に確認の電話をかける。

（2）メンバーは役職のバランスを考えて選ぶ。

（3）場所、料理の内容は相手の好みや先方の時間の都合などを考慮して決める。

（4）お客様の経歴、趣味、性格などを知っておくと話題に困らず、雰囲気作りにも効果的である。

（5）主賓の席は上座に設け、接待係は入り口に最も近い席（末席）に座る。

2. 宴会が始まったら

（1）お客様を放っておいて、社内の者ばかりで話したりするのはマナー違反である。

（2）気持ちよく過ごしていただくために話題を選ぶ。政治、宗教、出身校の話題はできるだけ避けたほうが無難である。

（3）料理が出たら、お客様に「どうぞ」と勧める言葉をかけてから、箸をつける。

（4）飲み物はグラスが空にならないように気を配って注ぐ。

（5）お客様より先に酔うのは禁物で、自分のお酒の適量を知り、そそうのないようにする。

3. 宴会が終わったら

締めくくりは大切で、きちんとお礼の挨拶をする。

ウェイトレス：いらっしゃいませ。

田中社長：あのう、個室を予約したんですが。

ウェイトレス：日本桜商事の田中様でいらっしゃいますか。

田中社長：はい、そうです。

ウェイトレス：どうぞ、こちらへ。

田中社長：あのう、メニューをお願いします。

ウェイトレス：はい、かしこまりました。少々お待ち下さい。

（メニューを見ながら）

田中社長：渡辺会長は何がお好きですか。

渡辺会長：何でもいいです。

田中社長：これは中国でも名高い茅台酒ですが、いかがでしょうか。

渡辺会長：ああ、あの有名な茅台か、味わせて頂きます。とてもおいしいお酒だそうですよね。

田中社長：はい、竹川部長はどうでしょうか。

竹川部長：私はお酒に弱いものですから、ビールで結構です。

渡辺会長：この店は広東料理ですよね

田中社長：はい、そうです。広東料理はほかの中華料理よりあっさりしたものが多いので、日本の皆さんのお口には一番よく合うと思います。それから、明日は中国大連の海鮮料理にしようと思ってるんですが。

渡辺会長：いろいろ考えていただいて、ありがとうございました。

（しばらくして、料理が来た）

田中社長：まず、皆さんを歓迎して乾杯しましょう。

一同　　：乾杯。

渡辺会長：では、この席をお借りして、細かいご配慮に感謝して、乾杯いたしましょう。

一同　　：乾杯。

田中社長：さあ、どうぞ、熱いうちに召し上がってください。

一同　　：はい、いただきます。

田中社長：いかがですか、中華料理はお口に合いますでしょうか。

渡辺会長：ええ、とてもおいしいです。日本にはこんなおいしいものは無いと言っても決して過言ではありません。

田中社長：日本にもいっぱい中華料理店があるんでしょう。

渡辺会長：ええ、あるにはありますが、作り方が違っていて、やはり日本式の中華料理ですね。

田中社長：中国と違って日本料理は銘々小皿に盛り分けて頂くのですね。

渡辺会長：ええ、そうですね。でも、すき焼きとかしゃぶしゃぶとかお鍋料理は中国の食べ方と一緒で大勢で一つの鍋をつつき合う料理ですね。

竹川部長：私はこういうふうに一つの皿をつつきあう食べ方はたいへん良いと思うのです。なんと言いますか、こう食卓の気分が和やか

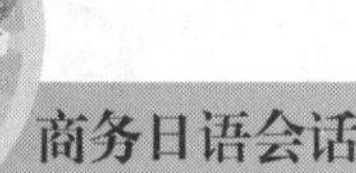

になって非常に親しみを覚えますね。

田中社長：まったく同感です。さあ、もっとお酒をどうぞ。

渡辺会長：もうすっかりいい気持ちになりました。

竹川部長：私ももうおなかがいっぱいで、これ以上食べられません。

田中社長：そうですか。では、今回の商談は大成功をするようにお祈りし、それから、最後に皆様のご健康を祈って乾杯しましょう。

一同：乾杯。

ウェイトレス／服务员	ビール／啤酒
個室／包间，小房间	あっさり／清淡
名高い／有名的，著名的	口に合う／合口味
味わう／品尝	

関連表現

(一) お酒、食事を勧める

1. お食事をご用意しました、どうぞ。
2. 何もございませんが、どうぞ召し上がってください。
3. あいにく召し上がっていただけるようなものがなくて。
4. お口に合いますかどうか、お一つどうぞ。
5. まず一杯どうぞ。
6. さあ、熱いうちに召し上がってください。
7. 何もおかまいできませんが、どんどん召し上がってください。
8. どうぞお召し上がり下さい。
9. もう少しいかがですか。
10. どうぞおかまいなく、自分で取りますから。

(二) 感謝の挨拶と感謝の言葉に対する言い回し

1. 本日はお招きいただき、大変ありがとうございます。
2. もう充分いただきました。
3. たくさん頂戴しました。
4. もうこれ以上頂けません。
5. もうおなかがいっぱいで、これ以上食べられません。
6. ご馳走様でした。とてもおいしかったです。
7. 今日すっかりごちそうになりました、本当にありがとうございます。
8. いいえ、お粗末さまでした。
9. 何もおもてなしできず、失礼いたしました。
10. なんのお構いもできず、すみませんでした。

職業訓練コラム

食事のマナー

練習一　和食

（一）座り方

部屋に入るときは、上司と一緒なら上司の少し後を歩く。入り口近くになったら、上司より前に出て、上司のために襖を開ける。上司が入った後で、「失礼します」と声をかけて、自分も部屋の中へ入る。床の間に近いところで、床の間を背にするところが上座である。部下が上座で上司は下座ということがないように気をつける。正座は足がしびれ、どうしてもくずしたいときは、ひとこと「失礼させていただきます」と断ってからくずす。

（二）はしの使い方

1. 箸の持ち方・置き方・使い方

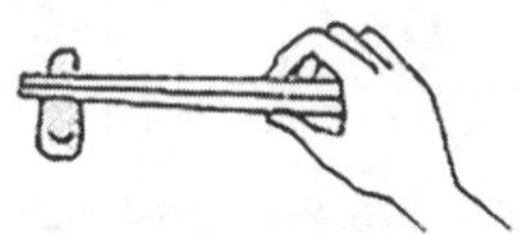

和食では箸の使い方が最も大切だ。箸は右手でとる。まず、右手で箸の中ほどをつまみ、左手で箸の下のほうを支えて、そのまま右手を持つ箇所にすべらせ、クルッと回して持つ。箸置きがある場合は、箸置きに置く。箸置きがない場合は、袋に入った箸であれば、箸の袋を結ぶような形にして箸置きにする。「茶碗や器の縁の上に箸を渡すように置く（渡し箸）」「ご飯に箸を突き立てるように置く（仏箸）」などがマナー違反。

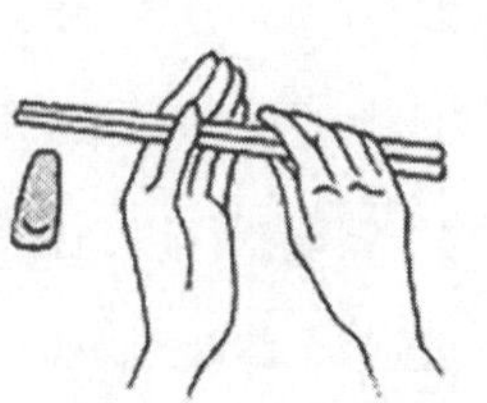

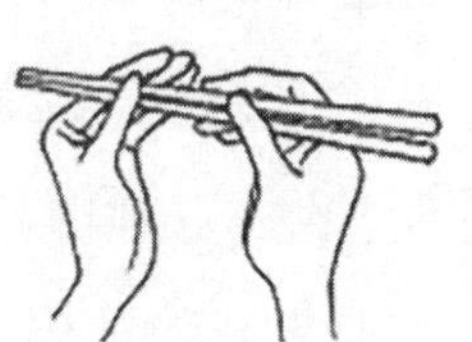

2. 箸使いのタブー

（1）迷い箸：これにしようかな、あれにしようかなと箸を持ったまま迷う。

（2）移り箸：いったん箸をつけながら他のものに箸を移す。

(3) 寄せ箸：箸を器に入れて引き寄せたり、逆に箸で器を向こう側へ押しやる。

(4) 探り箸：何が入っているのかなと、中のものを箸で探る。

(5) ねぶり箸：どれを食べようか迷いつつ、つい箸をなめてしまったり、箸に付いたご飯粒や汁をなめてとる。

(6) 横箸：箸をスプーンのように使う。

(7) さし箸：料理に箸を突き刺す。

(三) 食事中のマナー

食べるときは汁ものからいただき、次にご飯、おかずの順で、繰り返す。ご飯をお替わりするときは一口残してお替わりを頼む。お替わりは、両手で受け取り、いったんお膳に置く。食べられないと思ったものは箸をつけてはいけない。

一緒に食事をする人に不快感を与えないためにも、「顔を料理の方へ出して食べない」「口に食べ物を入れたまま話したり、音を立てない」「フーフー吹いてさますようなことはしない」といったことのほかに次のような点に気をつける。

1. 食事の途中で席を立たない。雑用、トイレなどは、着席前に済ませておく。

2. 爪楊枝は食事中には使わない。食後に使う場合も、左手で口を覆って手早く済ませる。

3. 話に夢中になって箸を振り回したり、人を箸で指したりしない。箸を握りっぱなしにしたり、箸を持ったままの手で器を持つのもタブー。

4. 椀越しに前方をのぞき見るのは「にらみ食い」といって、不作法とされる。

5. 食事中に髪をさわらない。

6. 食卓の上にはモノを置かない。タバコなどもモノに含まれる。

7. お茶は食事が終わってからいただく。

練習二　洋食

(一) 洋食の場合、男女交互に座るのが原則

壁や暖炉のある方、庭に面した方が上席で、出入り目に近い方、庭を背にした方が末席となる。椅子の左側から入って席につく。椅子の位置によって入りにくい場

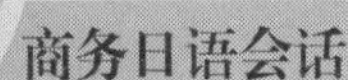

合は右側から入ってもかまわない。

正式の会食などで夫婦そろって出席する場合や女性が交じる場合には、男女交互に席が設定されるので、男性は、右隣の女性の椅子を引いて座るのを手伝う。男性は両隣の女性が座るのを見届けた後に座る。

テーブルを離れるときも、右隣の女性が立ちやすいように椅子を引いてあげる。

（二）ナイフ・フォークの使い方

使う順番に外側から並んでいるので、外側から取っていけば迷うことはない。正面に並んでいるのはデザート、コーヒー用のものである。食事は終わっていないけれども、いったん休めるときは、ナイフやフォークを左右別々に斜めに置く。食べ終わったときは、両方そろえて皿右隅に斜めに置く。

ナイフやフォークはなるべく音を立てないように使う。食べ物を切るときは、一度に全部を切らずに一口分ずつ切って食べる。スープを飲むときはスプーンは手前から向こう側へすくうようにして飲む。飲み終わったら、スプーンは受け皿の上に置く。

食事の途中でナイフやフォークを落としてしまったら、ウェイターを呼び、新しいものと交換してもらう。自分で拾ってナプキンで拭いて使ったりしてはいけない。

（三）食事中のマナー

1. 音を立てて食べない。

2. 食器をガチヤガチヤさせたり、料理を切る音など物音を立てないように気をつける。

3. 料理を口の中に入れたまま話したり、お酒を飲んだりしない。

4. 人の前に手を伸ばさない。遠くにあるコショウや塩などは、手を伸ばして取ろうとしないで、隣りの人に頼んで取ってもらう。

5. 食べないうちから調味料をかけない。一口も料理を味わわないうちに塩やコショウをふりかけるのは失礼にあたる。

6. 食器を手で持たない。日本料理とは違い、皿を持ち上げるのはマナー違反。

7. タバコは吸わない。

8. テーブルにものを落としたり、こぼしたときは自分で始末しない。簡単に拾える小さなものなら、自分のスプーンやフォークを使って拾い、自分の皿の端に置く。水をこぼしたり、ナイフやフォークを床に落としてしまったときは、ウェイターを呼んで始末してもらう。

9. ウェイターを呼ぶときは大声を出さない。部屋にはサービス係が待機しているので、手を上げるだけですぐに来てくれる。

10. 中座するときは目立たないようにする。テーブルについてから、どうしてもトイレに行きたいなどというときは、隣りに座っている人に「ちょっと失礼します」と小声で断って目立たないように席を外す。ナプキンは軽くたたんで椅子の上に置いておく。

11. 爪楊枝は使わない。爪楊枝がある場合でも、テーブルについたまま、あるいは人前で使うのはタブーなので、人目につかないところで使う。

12. 食事は会話を楽しみながら周囲のペースに合わせる。

練習三　中華料理

（一）座り方

中華料理は大皿に盛った料理をおおぜいで囲んで、和やかに楽しく食べる料理で、全員で料理と会話を楽しめる。8人から10人が丸テーブルにつくことが多い。入り口から遠い席は上座、一番近い席は下座である。

（二）中華料理の取り方

料理は回転式の台の上に置かれる。全員が揃ったところで、前菜、あっさりした料理から濃厚な料理、スープ、ご飯かおかゆ、菓子、果物といった順序で料理が出てくる。料理が出てきたら、主賓（上座にいる人）から自分の皿に取り分け、次の人に回す。回すのは時計方向が原則で、勝手にグルグル回してはいけない。取る量はテーブルについている人の数と自分のおなかの具合を配慮して決める。最後の人には一口分しかなかったなどという失礼のないように気をつける。

スープなどウェイターが給仕してくれる場合は、ウェイターにまかせる。料理は主賓が手をつけてから食べる。洋食と同じようにスープなどを音を立ててするのはマナー違反である。

骨付きの鶏料理は手で食べてかまわないことになっている。骨は骨入れの壷か皿の上に置く。皿が汚れたら、どんどんきれいな皿に取り替えて使う。前菜と一緒に中国酒が出されたら、乾杯をしてから飲み始める。

（三）中華食事中のマナー

1. 同じ種類ばかり取らない。

2. 一度自分の皿に取ったものは残さず食べるようにする。

3. 回転台を回すときは他の人が料理を取っていないことを確かめてからする。

4. 食べたい料理が遠いときは、無理に手を伸ばさず、回転台を回すか、近くの人に取ってもらう。

5. 隣りの人と箸を交差させて料理を取らない。他の人が取り終わるのを待って自分の前に料理を回して取り分ける。